Erhard Fechner · Überwindung der Krise

Erhard Fechner

Überwindung der Krise

Erziehung zu menschlichen Werten

Sathya Sai Vereinigung e. V., Bonn

Titel des englischen Originaltextes
„Turning the Tide"

Die Deutsche Bibliothek – CIP-Einheitsaufnahme
Fechner, Erhard:
Überwindung der Krise : Erziehung zu menschlichen Werten /
Erhard Fechner. – 3. Aufl. – Bonn : Sathya-Sai-Vereinigung, 1991
Einheitssacht.: Turning the tide <dt.>
ISBN 3-924739-17-X

Verlag Sathya Sai Vereinigung e.V., Bonn
Sathya Sai Baba Buchzentrum Deutschland
Grenzstr. 43, D-6057 Dietzenbach
Herstellung:
Richarz Publikations-Service GmbH, Sankt Augustin

Inhaltsverzeichnis

1. Kapitel

Es gibt nur wenige, die bestreiten werden, daß sich die Welt in einer Krisensituation befindet und am Rande der Selbstvernichtung steht. Die sozialen, wirtschaftlichen und politischen Probleme sind so kompliziert und miteinander verflochten, daß jeder Versuch, eines davon zu lösen, zehn neue auf anderen Gebieten entstehen läßt. Es ist eine verzweifelte Situation, denn selbst diejenigen in der politischen Arena, die ehrlich versuchen, einen Weg zu finden, müssen erfahren, daß ihre Bemühungen vergeblich sind. Jede denkbare Lösung trägt zwangsläufig schon den Keim zu neuen Komplikationen in sich.

Wir können natürlich die Augen vor diesen Tatsachen verschließen, uns auf den Standpunkt stellen, daß dieses nicht unsere Probleme sind, daß alle Politiker unfähig sind und nur ihren eigenen Vorteil suchen, daß aber das Leben dennoch so oder so weitergehen wird. Dabei können wir versuchen, dem Leben soviel als möglich für uns selbst abzugewinnen und hoffen, daß sich die unvermeidliche Katastrophe erst nach unseren Lebzeiten ereignet.

Das ist die Haltung, die die meisten – bewußt oder unbewußt – annehmen. Es ist beinahe notwendig, das zu tun, denn es wäre untragbar, ständig im Bewußtsein der grausamen Wirklichkeit zu leben.

Dabei ist es der Mensch selbst, der die Probleme für die Menschheit schafft. Der Existenzkampf der Menschheit ist nicht mehr ein Kampf gegen die physischen Kräfte der Natur. Das theoretische Wissen, wie genug Nahrung für die gesamte Weltbevölkerung produziert werden kann, ist vorhanden. Es kann aber nicht in die Praxis umgesetzt werden, weil die Menschen ihre besten Kräfte damit vergeuden, sich gegenseitig zu bekämpfen.

7

Der Mensch ist zum schlimmsten Feind der Menschheit geworden. Wir müssen lernen, miteinander zu leben oder wir werden miteinander untergehen. Das sind Binsenwahrheiten, aber es sind auch Tatsachen.

Was können wir tun, um diese Probleme zu lösen? Die Antwort ist einfach und gleichzeitig unglaublich kompliziert.

Wie kann man mit schlechten Eiern einen guten Kuchen backen? Das ist die einfache Seite der Antwort: Die Welt ist so gut oder so schlecht wie die Handlungen derer, die sie bevölkern. Die Schwierigkeit liegt in der Frage: Was ist gut und was ist schlecht?

Es ist ganz offensichtlich, daß keine der zur Zeit praktizierten Theorien, wie das Zusammenleben der Menschen gestaltet werden soll, als gemeinsame Grundlage dienen kann. Alle Ideologien der Vergangenheit haben zwar ihre Anhänger einander näher gebracht, haben aber gleichzeitig Schranken aufgebaut, die diese Anhänger vom Rest der Welt trennen. Die Frage ist: Gibt es eine gemeinsame, einigende Idee für die gesamte Menschheit? Und wenn dem so ist, wie können wir sie finden?

In der Vergangenheit konnte der Mensch sich den Luxus leisten, die Lebens- und Denkweise als eine ganz persönliche Angelegenheit zu betrachten. Einige glaubten an Gott, andere nicht. Einige hielten diese Werte hoch, andere jene und wieder andere gar keine. Die Welt war so groß, daß es nichts ausmachte, wie die Leute in den verschiedenen Teilen dieser großen Welt dachten. Zugegeben, es hat immer Streitigkeiten gegeben, die zu Kriegen geführt haben, aber diese mußten als ein unvermeidliches Übel hingenommen werden. Sie brachten Leiden zu einem Teil der Bevölkerung und verhalfen anderen zu Reichtum. Insgesamt hielten Glück und Unglück sich die Waage, was zu Koexistenz und zu einem relativ erträglichen Leben führte.

Heute befinden wir uns in einer anderen Situation. Die Welt ist klein geworden. Was in diesem Augenblick in Asien geschieht, beeinflußt unmittelbar die Börse in New York. Es gibt keinen Raum mehr für beschränkte Aktionen. Alles steht in so enger Wechselbeziehung und befindet sich in einem so delikaten Gleichgewichtszustand, daß die geringste Unruhe das ganze System erschüttern kann.

Wir können es uns deshalb nicht mehr leisten, die Frage ,was ist gut und was ist schlecht‘ als eine persönliche Angelegenheit zu betrachten, sondern müssen eine gemeinsame Anstrengung machen, um herauszufinden, was gut und was schlecht für die Menschheit als Ganzes ist, und uns dann entsprechend verhalten. Das ganze Universum ist auf Gesetz und Ordnung aufgebaut. Die Planeten umkreisen die Sonne, die Sonnensysteme folgen ihrem Pfad ebenso wie die Protonen und Neutronen im Atom. Der Mensch ist ein Teil dieses Universums. Nur er hat die Fähigkeit, Entscheidungen zu treffen, die seine Zukunft beeinflussen. Nur er hat die Möglichkeit, aber auch die Verpflichtung, zwischen gut und schlecht zu unterscheiden. Das unterscheidet ihn vom Tier. Das ist das Privileg und die Verantwortung menschlicher Existenz.

Wir müssen verstandesmäßig erfassen, daß alle Menschen zusammen überleben oder zusammen untergehen werden. Dabei sind wir entweder ein gutes oder ein schlechtes Ei und tragen deshalb entweder zur Gesundheit oder zur Krankheit der Welt bei. Der ununterbrochene Strom von Impulsen, der von unseren Gedanken, Worten und Handlungen ausgeht, bildet die Atmosphäre, in der wir leben; er formt unser

Schicksal. Niemand, auch wenn er glaubt, völlig unbeteiligt zu sein, ist von diesem Prozeß ausgeschlossen.

Es hat deshalb keinen Zweck, andere für die Schwierigkeiten, in denen wir uns befinden, verantwortlich zu machen. Wenn wir nicht die Verantwortung für unseren Anteil an dem Gesamtproblem übernehmen, wie können wir das von irgend jemand anderen erwarten? Aber selbst wenn wir diese Verantwortung übernehmen, selbst wenn wir uns darüber im klaren sind, daß wir, die einzelnen, es sind, die die Zukunft formen, die Frage bleibt: „Was soll ich tun? Was ist richtig, was ist falsch?" Die Antwort ist, wie bereits erwähnt, dem einzelnen überlassen. Ja, sie wird als die persönlichste aller Entscheidungen betrachtet, denn sie wird von dem religiösen oder ideologischen Standpunkt des einzelnen beeinflußt. Wollen wir das ändern? Wollen wir den Menschen vorschreiben, wie sie denken und was sie glauben sollen? Ganz sicher nicht!

Im Laufe der Geschichte haben immer wieder einzelne versucht, der Gesellschaft das Denken aufzuzwingen, das ihrer Meinung nach die Lösung darstellt. Die Ergebnisse waren verheerend. Das ist nicht unsere Absicht, denn es ist keine befriedigende Lösung.

Aber was ist die Lösung? Wir befinden uns in einem Dilemma. Auf der einen Seite erkennen wir, daß die Zukunft der Welt davon abhängt, daß Millionen von Menschen die richtigen Entscheidungen treffen, auf der anderen Seite aber können und dürfen wir nicht vorschreiben, was falsch und was richtig ist.

Wenn wir auch für niemand anderen Entscheidungen treffen, noch sagen können, welches die richtigen Entscheidungen sind, so können wir doch ein gemeinsames Ziel setzen, dem alle zustimmen können und das als Orientierungspunkt für jede Entscheidung dienen kann. Wenn wir diesen Versuch unternehmen, dann muß dieses Ziel so groß, so allumfassend sein, daß niemand, aber auch gar niemand, etwas dagegen einwenden kann. Besteht die Möglichkeit, daß es ein solches Ziel gibt? Sicherlich! Aber warum kennt es niemand? In früheren Zeiten wußte niemand, warum alles zur Erde fällt. Das Gesetz der Schwerkraft war noch nicht entdeckt, aber die Schwerkraft selbst war von jeher wirksam. Ebenso wird es eines Tages jedem klar sein, was das Ziel ist, auf das wir uns alle zubewegen. Die Sehnsucht danach ist bereits in uns lebendig, obwohl wir uns nicht bewußt sind, was es ist.

Wie alle grundlegenden Wahrheiten, so ist auch dieses Ziel sehr einfach und es ist sicher, daß niemand es ablehnen wird. Das Ziel ist, glücklich zu sein. Glück ist das Geburtsrecht und die Bestimmung des Menschen.

Glück als Ziel und Zweck des Lebens? Jeder wird zwar zugeben, daß er danach strebt, aber es werden Zweifel laut werden, daß dadurch der Gesellschaft geholfen wird. Wie können Individuen glücklich zusammen leben, wenn jeder sein persönliches Glück zu verwirklichen sucht? Wird es nicht dazu führen, daß jeder versucht, das größte Stück Kuchen für sich selbst zu sichern?

Zu einem gewissen Grade ist das die Grundlage des Kapitalismus. Er versucht, die egozentrischen Kräfte, die den einzelnen motivieren, dazu zu benutzen, ein Gleichgewicht herzustellen, d.h. durch Befriedigung der Habgier der einen, die Bedürfnisse der anderen zu stillen. Aber funktioniert es? Wenn das der Fall wäre, würden die vorher erwähnten Probleme nicht bestehen. Wenn unsere kapitalistische Gesellschaft die Lösung darstellen würde, dann brauchten wir nicht weiter zu suchen. Aber fast jeder wird bestätigen, daß die Ergebnisse unbefriedigend sind. Es gibt zu viele Hintertüren, die es ermöglichen, daß die einen in Luxus, die anderen in Elend leben. Das ist eine Tatsache. Wie aber können wir dann erwarten, daß es eine Lösung ist, das Glück zum Zweck des Lebens zu erheben? Um das zu verstehen, müssen wir zunächst einige Tatsachen über uns selbst sowie über unser Verhältnis zur Umwelt und zu unseren Mitmenschen erkennen. Wir müssen herausfinden, wer wir sind und wie wir funktionieren. Wir sind es uns selbst und der Gesellschaft schuldig, diese Untersuchung vorurteilsfrei und unvoreingenommen durchzuführen.

Wenn wir das tun, dann werden wir sehen, daß das Glück, das wir zum Ziel des Lebens erheben wollen, keineswegs mit jenem Glück identisch ist, von dem man gemeinhin glaubt, daß es durch die Erfüllung von Wünschen gesichert werden kann.

Wir nehmen an, daß wir in einer objektiven Welt materieller Realitäten leben, in der jeder die Dinge so sieht, wie wir selbst. Wir halten unser eigenes ‚Ich' für nichts anderes als eines dieser Objekte, denen wir überall begegnen, und behandeln daher die ‚Ichs' unserer Mitmenschen ebenfalls als solche Objekte. Wir halten unsere Umwelt, einschließlich der Menschen, für das, was wir mit unseren Sinnen wahrnehmen und zweifeln keinen Augenblick daran, daß andere das gleiche sehen.

Das ist ein Teil unseres Problems. Wir sind so materialistisch und nach außen hin orientiert, daß wir nie in Frage stellen, ob es wirklich so ist. Diese Haltung entspricht dem Lebensstil, in dem wir aufgewachsen sind, und der Gedanke, daß es anders sein könnte, ist uns vollkommen fremd. Aber wir müssen einmal darüber nachdenken.

An einem warmen Sommertag beginnt Regen zu fallen. Der Regen besteht aus Wasser, das irgendwo auf der Erde verdunstet und in Form von Wasserdampf über das Land gezogen ist. Temperatur und Druckverhältnisse lassen das Wasser jetzt wieder kondensieren. Das sind die physikalischen Tatsachen den Regen betreffend. Aber sind das die Gedanken, die uns kommen, wenn wir die ersten Tropfen aufs Dach fallen hören? Ganz bestimmt nicht. Der Regen bedeutet für jeden etwas anderes. Der Bauer ist zufrieden, der Tennisspieler ärgerlich; die Hausfrau beim Einkaufen ist besorgt um ihr Kleid und ihre Frisur; der Mann in der Werkstatt und im Konferenzzimmer bemerkt ihn nicht. Das ist es, was der Regen für jeden einzelnen bedeutet. Jeder reagiert anders darauf.

Ein Tisch in einem Schaufenster ist ein anderes Beispiel. Der eine beurteilt seine Form, den Entwurf, ein anderer die Farbe, die Verarbeitung, die Stabilität, das Material. Der Tisch ist nicht nur ein Tisch. Er ruft verschiedene Reaktionen in verschiedenen Leuten hervor.

Das gleiche gilt für die Menschen. Der Fremde, dem wir auf der Straße begegnen, ist Ehemann für seine Frau, Vater für seine Kinder, er ist Freund, Vorgesetzter, Konkurrent, Feind, Kunde. Es ist offensichtlich, daß wir diese Beispiele beliebig fortsetzen können, ohne irgendwelchen Widerspruch hervorzurufen.

Wir kommen zu dem Ergebnis, daß es eine objektive Welt gibt. Wir wissen das, denn sie spricht unsere Sinne an. Aber niemand kennt die Wahrheit über sie, denn wir können sie nur mit unserem subjektiven Verstand wahrnehmen. Wir sehen nicht, was wirklich ist, sondern was der Spiegel unseres Geistes reflektiert.

Die Welt, in der wir leben, unsere subjektive, persönliche Welt, die wir mit niemandem teilen, wird ausschließlich durch diesen Spiegel bestimmt. Er zeigt uns eine Welt, der wir vertrauen oder eine, die wir hassen oder fürchten. Das sind nicht die Eigenschaften der Objekte. Wie wäre es sonst möglich, daß das gleiche Objekt in verschiedenen Menschen verschiedene Reaktionen hervorruft? Die Reaktionen sind das Ergebnis unserer inneren Einstellung. Wenn wir uns nicht die Zeit nehmen, über diese Tatsachen nachzudenken, dann glauben wir, unsere Welt sei identisch mit der objektiven Welt und mit der unserer Mitmenschen. Wir werden später sehen, daß diese irrige Annahme wesentlich dazu beiträgt, das friedliche Zusammenleben zu erschweren. Bevor wir jedoch die Konsequenzen dieses Phänomens analysieren, müssen wir uns zwei Fragen stellen: Was formt und bildet den Spiegel, der die Welt in uns entstehen läßt und wie können wir uns mit jemandem verständigen, der in einer anderen Welt lebt?

Der Komplex, bestehend aus Geist, Verstand und Gefühlen, für den es im Deutschen keinen Sammelbegriff gibt, wird im Englischen als ‚mind‘ bezeichnet. Dieser Mechanismus hat eine gewisse Ähnlichkeit mit dem Nervensystem. Bestimmte Funktionen entziehen sich dem Einfluß bewußter Entscheidungen ebenso wie das vegetative Nervensystem. Dieser Teil besteht aus unkontrollierten Gefühlen und Gedanken, die sich hierhin und dorthin wenden, umherspringen wie die Affen in den Bäumen und doch weitgehend unser Handeln bestimmen. Wenn wir uns dessen nicht bewußt sind, haben wir kaum einen Einfluß auf sie. Wir haben jedoch auch die Fähigkeit, zu analysieren, zu unterscheiden und Entscheidungen zu treffen. Beide Teile stehen in enger Wechselbeziehung. Es erfordert bewußte Anstrengung und eine gewisse Schulung, uns von der Herrschaft unterbewußter Reaktionen zu befreien.

Wenn wir uns dieser Doppelfunktion nicht bewußt sind und wenn unser bewußtes Denken verwirrt, ohne Grundlage und ohne Ziel ist, dann erkennen wir gar nicht, in welchem Ausmaße unsere Gedanken, Worte und unser Handeln vom Unterbewußtsein bestimmt werden.

Es ist das Unterbewußtsein, das den Spiegel bildet, in dem wir die objektive Welt sehen. Die Psychologie versucht, in die Geheimnisse dieses Unterbewußtseins einzudringen. Viele Bücher sind darüber geschrieben worden und es bestehen verschiedene Meinungen darüber, wie man es beeinflussen kann.

Wir wollen hier nur zwei Faktoren erwähnen, die das Unterbewußtsein formen: Die Veranlagungen, mit denen es in diese Welt hineingeboren wird und die Erfahrungen, denen es danach ausgesetzt ist. Jeder einzelne reagiert auf seine Umwelt auf seine eigene Weise. Jeder besitzt bestimmte Charakterzüge, die ihm angeboren sind und die im allgemeinen als Erbanlage betrachtet werden. Diejenigen, die an Wiedergeburt glauben, halten sie für das Ergebnis früherer Lebenszyklen. Darüber mögen die Meinungen auseinandergehen. Sie stimmen jedoch darin überein, daß dem Hintergrund dieser Charakterzüge – ererbt oder in früheren Existenzen erworben – die Daten des gegenwärtigen Lebens aufgedrückt und überlagert werden. Das ist keineswegs ein ausschließlich passiver Vorgang, bei dem das Unterbewußtsein nur der Umwelt ausgesetzt wird wie ein photographischer Film. Es sind vielmehr die Gedanken, Worte und Taten, d.h. die Reaktion auf die Umwelt, die das Unterbewußtsein formen und dadurch die Grundlage für künftige Reaktionen schaffen. Wenn jemand leicht zornig wird und seinem Zorn erlaubt, sein Handeln zu dominieren, dann verstärkt dieses Handeln seine Tendenz. Es genügt jedoch nicht, verstandesmäßig zu erkennen, daß es Nachteile mit sich bringt, zornig zu werden. Derjenige, der damit belastet ist, ist trotzdem noch der Sklave seiner Emotionen, wenn er nicht bewußt sein Verhalten zu ändern sucht. Nur dann kann er gegebenenfalls sein Unterbewußtsein umprogrammieren und dadurch seinen Charakter ändern. Solange er jedoch nicht bewußt die Anstrengung unternimmt, seinem Leben eine Richtung zu geben, solange wird er ziellos umherirren und seinen eigenen Tendenzen, die nichts weiter als Reaktionen auf die Umwelt sind, zum Opfer fallen. Jetzt verstehen wir die frühere Behauptung besser, daß die Welt, die wir sehen und erfahren, keine objektive Welt, sondern ein Produkt der Tendenzen ist, mit denen wir geboren und die durch unsere Erfahrungen geformt wurden. Dieses Sammeln von Erfahrungen ist ein kontinuierlicher Prozeß, der mit dem Tag unserer Geburt oder sogar schon früher beginnt und sich ohne Unterbrechung bis zum Ende unserer Tage fortsetzt. Unser Unterbewußtsein gleicht einem gewaltigen Computer. In jedem Augenblick – gleichgültig, ob wir aktiv sind oder nicht – werden neue Daten aufgenommen oder vorhandene Daten umgeformt. Nichts geht verloren, alles wird registriert. Wenn wir die Vielschichtigkeit des menschlichen Charakters und die Einzigartigkeit der individuellen Lebensbedingungen berücksichtigen, dann können wir verstehen, daß keine zwei Menschen die Welt in gleicher Weise sehen.

Wir werden noch untersuchen, welch großen Einfluß Erziehung, Religion und die Informationsmedien auf diesen Prozeß haben. Aber vorher sollten wir uns noch mit einem anderen Problem befassen, dessen wir uns normalerweise nicht bewußt sind. Das ist die Relativität der Sprache, das Problem der Verständigung. Jeder von uns sitzt in seiner eigenen Welt wie in einem Glashaus. Aber wir müssen uns mit anderen verständigen, die in ihrem eigenen Glashaus sitzen.

In der Annahme, daß die Welt für alle die gleiche und objektiv ist, benutzen wir dazu die Sprache.

Die Sprache besteht aus verschiedenen Wortarten wie Haupt-, Tätigkeits- und Eigenschaftswörtern. Diese übernehmen im Satz die Funktion als Subjekt, Objekt, Prädikat usw. Das lernen wir in der Schule. Aber jedes dieser Worte hat auch eine äußere und innere Bedeutung.

Die äußere Bedeutung bezeichnet ein Objekt der materiellen Welt; etwas, das mit den Sinnen wahrgenommen wird. Im Laufe der Sprachentwicklung hat dieses Objekt einen Namen bekommen. Dieser mag in verschiedenen Ländern verschieden sein, aber es ist der gleiche für alle, die die gleiche Sprache sprechen. Die innere Bedeutung dagegen ist für jeden eine andere. Es ist das Bild, das der einzelne im Spiegel seines Bewußtseins sieht. Wie wir gesehen haben, wird dieses Bild durch die in Beziehung mit diesem Objekt gesammelten und im Unterbewußtsein registrierten Erfahrungen bestimmt, die eine bestimmte Schwingung hervorrufen, sobald der Name dieses Objektes erwähnt wird. Die äußere Bedeutung ist nur ein Bezugspunkt, den wir für die Verständigung mit anderen benutzen. Für uns selbst ist die innere Bedeutung die einzige Wirklichkeit. Wir mögen z.B. denken: Ein Tisch ist ein Tisch. Wie kann es da eine äußere und innere Bedeutung geben. Aber jeder sieht den Tisch auf seine Weise. Der Tischler sieht die Verarbeitung, der Möbelhändler den wirtschaftlichen, der Designer den ästhetischen Wert und die Hausfrau beurteilt ihn nach praktischen Gesichtspunkten. Zu einem gewissen Grade sind wir alle Tischler, Händler, Designer, Hausfrau und vieles mehr, wenn wir den Tisch betrachten.

Für die einfachen Dinge des täglichen Lebens sind diese Unterschiede, obwohl sie vorhanden sind, nicht leicht erkennbar. Sie werden deutlicher, wenn es sich um kompliziertere

Begriffe handelt. Nehmen wir z.B. das Wort ‚Computer'. In den Industrieländern des Westens kennt beinahe jeder das Wort. Aber wer weiß, was ein Computer wirklich ist? Derjenige, der ihn herstellt? Oder der, der ihn programmiert? Der, der ihn verkauft, oder der ihn benutzt? Jeder von diesen würde eine andere Definition des Begriffes ‚Computer' geben.

Selbst die Namen materieller Objekte zeigen also so große Unterschiede in ihrer tieferen Bedeutung. Aber die Namen materieller Objekte sind nur die Spitzen der sprachlichen Eisberge. Die meisten Worte bezeichnen abstrakte Begriffe, deren Definition ‚Ansichtssache' ist. Das klingt, als wäre es uns anheim gestellt, diese Begriffe zu definieren. Es klingt, als ob wir unsere Ansicht willkürlich ändern und jedem Begriff jede beliebige Definition geben könnten. Das ist aber nicht der Fall. Was wir auch tun, wir sind ein Gefangener in unserem Glashaus. Die mit einem Wort verbundenen Erfahrungen sind in unser Unterbewußtsein eingraviert und beeinflussen unser Denken, ob wir uns dessen bewußt sind oder nicht. Begriffe wie Liebe, Haß, Zorn, Stolz, Habsucht haben praktisch nur eine innere Bedeutung. Die äußere Bedeutung wird von der Gesellschaft und Konvention bestimmt. Sie ist vollkommen verschieden in verschiedenen Kulturen, verschiedenen Ländern und zu verschiedenen Zeiten.

Auf der anderen Seite aber beeinflußt diese Konvention, dieser soziale Wert eines Wortes in sehr starkem Maße auch die innere Bedeutung, die dieses Wort für jeden einzelnen hat. Dieser Einfluß ist natürlich für jeden ein anderer, denn er erreicht jeden einzelnen in seinem eigenen Glashaus. Aber der Wert eines Wortes, die innere Bedeutung, ist nichts statisches. Sie wird nicht einmal festgelegt und danach nicht mehr geändert. Die Werte, die unsere Welt bilden, sind immer im Fluß. Sie ändern sich ständig und werden den letzten Erfahrungen, den letzten Umwelteinflüssen angepaßt. Sie ändern sich, ohne daß wir es merken. Ebenso wie wir das Wachstum eines Kindes nicht bemerken, mit dem wir täglich zusammen sind. Wenn wir es aber nur einmal im Jahr sehen, dann sind wir überrascht, wie groß es geworden ist. So geht auch die Veränderung unserer Werte vor sich, die Änderung der inneren Bedeutung der Worte, die wir gebrauchen.

Öffentliche Stimmen wie die der Schule, der Regierung, der Kirchen und der Nachrichtenmedien formen ebenfalls unsere Werte und wir können uns nicht deren Einfluß entziehen. So wie der stete Tropfen den Stein höhlt, so werden unsere Werte ständig durch die Erfahrungen, denen wir ausgesetzt sind, verändert. Nur wenn wir uns daran erinnern, wie wir vor einigen Jahren über bestimmte Dinge gedacht haben, erkennen wir den Unterschied. Das Formen unserer Werte ist ein Prozeß des Unterbewußtseins. Wenn wir nicht eine bewußte Anstrengung machen, diese Entwicklung in dieser oder jener Richtung zu beeinflussen, dann treiben wir ziellos umher wie ein Stück Holz auf den Wellen des Meeres.

In unserem täglichen Leben sind wir uns normalerweise der Relativität der Worte nicht bewußt. Wir halten die Sprache für ebenso objektiv, wie es die materielle Welt unserer Vorstellung nach ist. Das ist aber eine Illusion, denn beide, Name und Form, d.h. die Bedeutung des Wortes und was das Objekt für uns darstellt, sind ein Produkt unserer eigenen Vorstellung. Wenn wir uns dieser Relativität bewußt sind, begreifen wir besser, warum es so schwierig ist, sich gegenseitig zu verstehen. Wir erwarten nicht, daß ein Eskimo, der seine Muttersprache spricht, sich sehr gut mit einem arabischen Scheich verständigen kann, und wenn es sich um die subtilen Nuancen handelt, die unsere Gefühle bestimmen und erregen, dann ist es selbst Ehepartnern oft ebenso unmöglich sich zu verständigen, wie diesen beiden.

Bei unserem Versuch, eine alle Menschen einigende Idee zu entwickeln, die die Menschheit vor der Selbstvernichtung retten kann, und um unsere Erfahrung auf dem Wege zu ewiger Glückseligkeit austauschen zu können, brauchen wir daher einen Dolmetscher. Ohne diesen Dolmetscher verlieren wir uns in der Einsamkeit unserer eigenen Welt und sind für immer durch unsichtbare, aber unüberwindliche Mauern voneinander getrennt.

Was brauchen wir, um einander zu ‚verstehen'? Wie wir gesehen haben, versagt die intellektuelle Verständigung, da diese die Sprache als Vermittler benutzt. Die Sprache aber benutzt Worte, deren innere Bedeutung für jeden einzelnen verschieden ist. Welche andere Möglichkeit der Verständigung haben wir?

Eine Mutter beobachtet ihr spielendes Kind. Das Kind schaut zur Mutter auf, rennt ohne äußeren Anlaß auf einmal zu ihr hin und sie schließt es in ihre Arme. Ein junges Paar sitzt sich im lärmenden Trubel einer Gaststätte gegenüber. Über den Rand ihrer Gläser finden sich ihre Augen und schweigend erfahren sie eine unglaubliche Nähe. Ein altes Ehepaar sitzt im Schein der milden Herbstsonne auf einer Bank im Park. Sie halten ihre Hände und ohne ein Wort zu wechseln, fühlen sie sich eins miteinander.

Der Dolmetscher, den wir brauchen, ist die Liebe. Liebe ist die einzige Kraft, die in der Lage ist, unseren Nächsten in seinem Glashaus zu erreichen. Sie ist die einzige Brücke, die uns mit anderen verbindet. Wo Liebe ist, verschwindet die Relativität der Worte, denn jeder versteht die Sprache des Herzens.

2. Kapitel

In unserer Analyse sind wir bisher zu diesen Schlußfolgerungen gekommen:

1. Um die Menschheit zu retten, bedarf es einer einigenden Idee, eines gemeinsamen Zieles. Unsere Hypothese ist, daß das Glück des einzelnen dieses Ziel ist.
2. Die Welt, in der wir leben und die Sprache, die wir sprechen, ist unsere ureigene, die niemand anderes verstehen kann. Wir brauchen daher einen Dolmetscher. Unsere Hypothese ist, daß Liebe dieser Dolmetscher ist.

Wir wollen versuchen, diese Gedanken weiter zu entwikkeln, um zu sehen, wohin sie uns führen. Um dazu in der Lage zu sein, müssen wir zunächst die beiden Schlüsselworte ‚Glück‘ und ‚Liebe‘ definieren. Wie aber ist das möglich? Für die Definition steht uns nur ein Werkzeug – nämlich die Sprache – zur Verfügung und wir haben gerade festgestellt, daß die Sprache selbst ein unzulängliches Verständigungsmittel ist. Wir befinden uns in einem wirklichen Dilemma. Wir sind in der gleichen Lage wie Münchhausen, als er versuchte, sich an seinem eigenen Schopf aus dem Sumpf herauszuziehen.

Zwei Faktoren haben mehr als alles die Geschichte der Menschheit bestimmt: Der Kampf zu überleben und der Versuch, diesen modus vivendi zu finden, nach dem wir hier suchen. Alle Philosophien, Religionen und Ideologien sind nichts anderes als Versuche dieser Art. Wenn wir die Relativität der materiellen Welt und der Sprache berücksichtigen, ist es kein Wunder, daß sie alle gescheitert sind. Sind sie wirklich gescheitert? Wenn wir die Situation, in der wir uns heute befinden, mit einer utopischen Welt vergleichen, in der nur Frieden und Harmonie zu finden ist, in der jedermanns Wünsche erfüllt werden, dann müssen wir sagen, daß diese Versuche gescheitert sind. Einige davon waren dazu verurteilt, weil sie negative Emotionen wie Haß, Arroganz und Habsucht zur Grundlage hatten. Dieses sind die Ideologien, die das Interesse einer Gruppe von Menschen über das aller anderen stellen und dieser Gruppe die Lösung ihrer Probleme versprechen. Aber in dem unvermeidlichen Konflikt mit anderen Gruppen, wenden sie Zwang und Gewalt an, um ihr Ziel zu erreichen und zerstören dadurch sich selbst früher oder später. Der Nationalsozialismus in Deutschland und der Weltkommunismus heute sind schlagende Beispiele dieser Art von Ideologie. An derartigen Versuchen sind wir nicht interessiert, denn ihr negativer Charakter ist allen klar, die nicht unter ihrem Bann stehen.

Wie aber steht es mit den großen Weltreligionen? Diese lehren ihre Anhänger Nächstenliebe und die Grundlagen friedlichen Zusammenlebens. Und doch lehrt uns die Geschichte, daß gerade diese Religionen oft zu Unfrieden, Krieg und Unterdrückung beigetragen haben. Wie ist es möglich, daß diese Lehren, die alle Voraussetzungen haben, eine glückliche Gesellschaft zu schaffen, so negative Ergebnisse zeitigen?

Wir werden sehen, daß auch dieses Phänomen zum größten Teil auf das Problem der Verständigung zurückzuführen ist. Bevor wir uns jedoch eingehender damit beschäftigen, müssen wir das Wesen des Individuums, das – wie wir gesehen haben – isoliert von allen anderen in seiner eigenen Welt, in seinem eigenen Glashaus lebt, näher untersuchen. Wer ist dieses Individuum? Wer sind wir? Wer bin ich? Der Körper? Der Geist? Gibt es irgend etwas in dieser relativen Welt das wirklich, absolut und für jeden das gleiche ist?

Jahrhundertelang hat die Wissenschaft versucht, das kleinste unteilbare Teilchen zu finden, das die Grundlage aller Materie bildet. Diese Suche hat zu einer großen Überraschung geführt. Es stellte sich heraus, daß Materie nicht das ist, wofür wir sie halten, sondern daß sie eine andere Form von Energie ist. Energie können wir nicht sehen, aber wir kennen sie und können ihr Vorhandensein beweisen. Wenn sie sich als Materie manifestiert, wird sie sichtbar. Diese Energie ruht in den Atomen, die die Welt unseres täglichen Lebens, unseres Körpers ebenso wie den entferntesten Stern im entferntesten Sonnensystem bilden.

Diese unsichtbare Energie, die sich als Materie manifestiert, diese Energie, die unsere Körper ebenso wie das ganze Universum formt, die Licht, Wärme und alles andere ist, ist das eine Prinzip, das wirklich ist. Alles, was wir sehen, alles, was wir nur erdenken können, ist eine Manifestation dieser Energie.

Wenn diese Energie sich als Materie manifestiert, können wir sie mit unseren Sinnen wahrnehmen. Wir können sie auch als Energie in einigen Formen wie z.B. als Wärme oder Licht erkennen. Wie aber steht es mit dem Leben als solches? Wenn alles eine Manifestation dieser Energie ist, dann muß sie auch der Urgrund des Lebens sein. Wir können das Leben nicht sehen. Es ist ein abstrakter Begriff. Wir sehen nur belebte Materie. Wir sehen das Wachstum der Pflanzen und Bäume, wir sehen die Körper der Tiere, deren Bewegung erkennen läßt, daß sie lebendig sind.

Leben ist also auch eine Manifestation dieser Energie, die eine materielle Form braucht, um sich auszudrücken. Das Leben zeigt uns eine andere Eigenschaft dieser Urenergie. Diese Energie muß das Konzept des ganzen Universums enthalten, so wie der Samen das Konzept des ganzen Baumes in sich trägt.

Das Gesetz, das die Planeten um die Sonne kreisen und durch ein empfindliches Gleichgewicht der Kräfte die Sterne und Sonnensysteme ihre Bahn beschreiben läßt, das Gesetz der Zellteilung, das zum Leben führt, die ganze Schöpfungsordnung muß Bestandteil dieser Energie sein.

Diejenigen, die an Gott glauben, wissen, daß die materielle Welt, die wir mit den Sinnen wahrnehmen und mit dem Verstand begreifen können, nicht alles ist. Sie wissen, daß es eine Existenz jenseits der Grenzen des Intellekts gibt. Aber auch für jene, die nicht an Gott glauben, wird es immer schwerer zu leugnen, daß Unbekanntes jenseits dieser Grenzen liegt. Wer versteht wirklich das Raum-Zeit Kontinuum? Wer versteht das Geheimnis der Beziehung zwischen Materie und Energie? Jeder von uns lebt in seiner eigenen Welt! Die einen nennen es Gott und sind wissend. Die anderen finden eine mathematische Formel und sind wissend. Wenn ein religiöser Mensch sich mit einem Wissenschaftler darüber unterhält, spricht der eine chinesisch und der andere französisch, obwohl beide dasselbe meinen. Da sie sich dieser Gemeinsamkeit jedoch nicht bewußt sind und da sie keinen Dolmetscher haben, können sie einander nicht verstehen.

Es wird darüber diskutiert, ob der Mensch ein Ergebnis der Evolution oder der Schöpfung ist. Worin besteht der Unterschied? Natürlich ist der Mensch ein Ergebnis der Evolution. Wir haben viele Beweise dafür und es ist einleuchtend. Ebenso sicher ist, daß der Mensch ein Ergebnis der Schöpfung ist. Jede Manifestation der Urenergie ist Bestandteil der Schöpfung. Was war bevor die Urenergie sich als Materie manifestierte?

Die Wissenschaft spricht von einer Explosion des Weltraumes. Wird dadurch irgend etwas erklärt? Keineswegs! Unser Geist kann sich nicht vorstellen, daß etwas war, bevor alles entstand. Der Grund dafür besteht darin, daß wir automatisch mit dem Wort ‚etwas' den Begriff ‚Materie' verbinden. Aber bevor Materie sich zu bilden begann, gab es die Urenergie. Wir müssen uns Materie als kondensierte Energie vorstellen, so wie der Regen die kondensierte Form der Luftfeuchtigkeit darstellt. Die Urenergie ist das ‚OM', das in den Veden als die Grundlage allen Seins erklärt wird. Es wird auch ‚Sabda' genannt, was ‚Ton' bedeutet und damit Schwingung d.h. Energie repräsentiert. Auch die Bibel deutet darauf hin: „Am Anfang war das Wort". Logos, die intelligente Energie.

Unser tägliches Leben spielt sich in der materiellen Welt ab, in der Welt der Gegensätze. Es ist eine dualistische Welt. Wir können uns nicht vorstellen, daß etwas existiert, ohne gleichzeitig die Existenz des Gegensatzes in unsere Vorstellung einzuschließen. Es gibt keinen Anfang ohne Ende. Jede Münze hat zwei Seiten, wo Licht ist, ist auch Schatten und so weiter. Das Eine, das vor allem Sein war, ist anders. Es ist Eines und nur Eins. Es ist nur Potential und seinem Wesen nach non-dualistisch. Dieses Eine ist die einzig ewige, unveränderliche Wirklichkeit, die allem anderen zugrunde liegt.

Wenn wir uns nicht bewußt sind, daß wir eins mit diesem Einen sind, daß wir in unserem innersten Kern dieses Eine sind; wenn wir die Welt und uns selbst als unabhängige Wesenheiten betrachten, die sich einander gegenüberstehen; dann flößt uns eine solche Existenz, die wir nicht direkt wahrnehmen und nicht verstehen können, Furcht ein.

Es ist deshalb verständlich, daß der Mensch versucht,

dieses Unbekannte, das non-dualistische, reine Sein seinem Vorstellungsvermögen anzupassen und es begreiflicher zu machen. Was tun wir als erstes, wenn wir einem Phänomen begegnen, das wir nicht verstehen? Wir geben ihm einen Namen. Die Namen ‚Blitz‘ und ‚Donner‘ gab es lange bevor die Menschen die physikalischen Zusammenhänge dieser Erscheinungen verstanden. Sie sahen nur, daß hier eine Macht am Werke war, die sie nicht verstanden und der sie hilflos ausgeliefert waren.

Gemäß der Erfahrung in der materiellen Welt gibt es für jede Tat einen Täter. Um mich vor dem Unbekannten zu schützen, um es verständlicher und zugänglicher zu machen, erfinde ich in meiner Vorstellung die Gestalt eines Täters, begabt mit den drohenden Kräften und dabei habe ich den Gott des Donners ‚entdeckt‘. Jetzt kann ich zu ihm beten. Ich kann ihn verehren. Helfen meine Gebete? Natürlich. Es ist aber nicht der Gott des Donners, der hilft. Es ist mein Glaube. Es ist die Urenergie, die durch die Konzentration des Gebetes in das Bewußtsein eindringt und ihren Einfluß auf den Geist ausübt. Auf diese Weise erreichen die Gebete, egal zu welcher Form Gottes, die eine allgegenwärtige Kraft, die die Quelle allen Seins ist.

Dieser unbekannten Seins-Kraft geben wir auch einen Namen. Wir nennen sie Gott. Und in dem Augenblick, in dem wir ihr einen Namen geben, erschaffen wir auch eine Form, eine Geist-Form. Für viele mag dies wie Blasphemie klingen, aber wir dürfen nicht vergessen, daß die Urenergie unserem Intellekt nicht zugänglich ist. Das Eine, das vor der Schöpfung war und das nach der Auflösung der Materie für ewig fortbestehen wird, hat weder eine Form noch hat es keine Form; es ist weder ein Wesen noch ist es kein Wesen. Es ist und ist nicht – alles zu gleicher Zeit.

Es ist deshalb ebenso richtig zu sagen, Gott habe eine Form, wie es richtig ist zu sagen, Er habe keine Form. In Gottes Wirklichkeit, in der die Gegensätze verschmelzen, versagt der Verstand.

Diejenigen, die behaupten, es gäbe keinen Gott, erklären nur, daß Er keine Form, auch keine Geist-Form besitzt. Es gibt keine wirklichen Atheisten. Es kann sie nicht geben, denn derjenige, der erklärt, daß es keinen Gott gibt, ist selbst eine Manifestation der Urenergie, ist die einzig unveränderliche Wirklichkeit, die es gibt. Und diese ‚ist‘, ob wir es anerkennen oder nicht. Form oder formlos, dieser oder jener Name, das alles ist nur geistige Akrobatik mit dem Ziel, mit dem Verstand das zu begreifen, was seinem Wesen nach unbegreiflich ist.

Jeder hat das Recht, seinen eigenen Weg zu gehen, den Namen und die Form zu wählen, die ihm eine lebendige Erfahrung vermitteln. Aber niemand kann den Anspruch erheben, daß seine Wahl die einzig richtige Reflexion der transzendentalen Wirklichkeit darstellt, die jenseits von Name und Form liegt. Wir dürfen nie vergessen, daß jeder in seiner eigenen Welt, in seinem eigenen Glashaus lebt und daß deshalb kein Wort für zwei Menschen die gleiche Bedeutung hat. Es besteht deshalb kein großer Unterschied darin, ob wir die gleiche Form und den gleichen Namen in den Mittelpunkt unseres religiösen Denkens stellen, das dann in jedem einzelnen zu einer anderen Vorstellung führt, oder ob wir überhaupt eine andere Form mit anderem Namen erwählen.

Wir leben in einer Welt der Namen und Formen; unser Verstand kann nur in den Kategorien von Name und Form arbeiten. Er ist seinem Wesen nach dualistisch. Name und Form sind Ausdruck dualistischen Denkens. Da wir uns nur mit Hilfe unseres Verstandes ausdrücken können, ist zwangsläufig alles, was wir zum Ausdruck bringen, in Name und Form gekleidet.

Religion ist der Versuch, etwas zu formulieren, was seinem ureigenen Wesen nach nicht formuliert werden kann. Alle Religionen haben recht, denn sie sind Reflexionen des Denkens von Menschen, die innerlich verwandt sind und deshalb der gleichen Formulierung dessen, was nicht formuliert werden kann, zustimmen. Keine der Religionen hat recht, denn keine kann die ganze Wahrheit definieren und das ausdrücken, was nicht formuliert werden kann. Das letztere ist, was der Atheist sieht und warum er alle Religionen ablehnt. Er lehnt nicht Gott als die wahre, non-dualistische Realität ab, sondern die Bilder dieser Realität, die gemacht worden sind. Der religiöse Mensch akzeptiert die Schau der Gruppe, zu der er gehört und macht sich diese zu eigen. Er lehnt aber die Schau anderer Gruppen, d.h. die anderen Religionen ab. Da er in einer dualistischen Welt lebt, ist er gewohnt, die Dinge entweder weiß oder schwarz zu sehen. Er weiß nicht, daß die unausdrückbare Wirklichkeit zu gleicher Zeit schwarz und weiß ist. Da er die Maßstäbe des Dualismus anlegt, muß er annehmen, daß die Erklärung des Unerklärbaren durch seine Name-Form-Kombination absolut richtig ist und deshalb alle anderen falsch sein müssen.

Diese Illusion ist der eigentliche Grund vieler Probleme in der Welt. Die wohlgemeinteste Anstrengung wird in kurzer Zeit durch diese Kurzsichtigkeit zunichte gemacht. Was theoretisch der richtige Weg sein könnte, um die Probleme der Menschheit zu lösen, hat sehr bald negative Auswirkungen und führt zu Spaltung anstatt zur Einigung.

Wie können wir es vermeiden, in diese Falle zu gehen? Es ist Unwissenheit, die diese Schwierigkeiten mit sich bringt.

Wir lernen nicht, wie unser eigener Verstand funktioniert, wer wir sind und was unser Verhältnis zur materiellen Welt, zu unseren Mitmenschen und zu der alles erhaltenden Urenergie ist. Wenn jedermann sich der Relativität seiner eigenen Ansicht bewußt wäre und versuchen würde, die Ansicht der anderen in seine eigene Sprache zu übersetzen, wäre alles viel besser.

Es ist oft schwierig, sich über Dinge zu verständigen, die wir mit unseren Sinnen wahrnehmen. Es ist sehr viel schwieriger, etwas zu formulieren, das jenseits des Verstandes liegt. Angenommen, wir haben ein Stück Papier mit einem großen, roten ,A', über das ein ebenso großes, blaues ,B' gedruckt ist. Nun geben wir das Papier zwei verschiedenen Personen, von denen eine eine Brille mit roten, die andere eine mit blauen Gläsern trägt. Die erstere wird das blaue ,B' lesen, während sie das rote ,A' nicht sehen kann. Die zweite sieht das ,A', aber nicht das ,B'. Beide sind sich nicht bewußt, daß sie eine Brille tragen. Jeder behauptet, was er sieht ist richtig. Beide haben recht und beide haben unrecht. Das ist die Situation, in der wir uns im Hinblick auf die Welt befinden. Jeder sieht sie durch die Brille, die er trägt und kann nicht sehen, was sein Nachbar sieht.

Sich dieser Tatsache immer bewußt zu sein, trägt zum gegenseitigen Verständnis bei. Es ist nicht leicht, die Brille abzunehmen. Aber schon das Wissen, daß wir sie tragen, verbessert die Verständigungsmöglichkeit. Es bedarf allerdings einer dauernden Anstrengung, sich ständig der Existenz dieser Brille zu erinnern.

Wenn wir dies tun, erscheinen die schwerwiegenden Fragen, andere Religionen und Dogmen betreffend, in einem anderen Licht. Niemand wird leugnen, daß es nur eine Wahrheit geben kann. Religionen und Dogmen sind die

Versuche verschiedener Leute zu verschiedenen Zeiten, diese Wahrheit zu formulieren, so daß das, was jenseits des Verstandes liegt, ,verstanden' werden kann.

Ist Jesus Christus Gottes Sohn? Was bedeutet das? ,Sohn' ist ein Begriff der materiellen Welt. Er bezeichnet die verwandtschaftliche Beziehung zweier Personen. Jesus war eine Person. Ist Gott eine Person? Nein. Der Begriff ,Sohn' wird also benutzt, um die enge Beziehung zwischen Jesus und Gott zum Ausdruck zu bringen. Ist das alles? Die Dogmen der verschiedenen Kirchen beantworten diese Frage unterschiedlich. Selbst im Denken jedes einzelnen gläubigen Christen existiert eine andere Vorstellung. Es ist die individuelle Interpretation dieser Beziehung, die die Grenzen des Verstandes überschreitet.

Trotz ihrer Relativität haben diese Formulierungen im Laufe der Geschichte zu Krieg und Leiden geführt. Menschen wurden verfolgt, verbannt und zu Tode gefoltert oder verbrannt. Selbst heute noch können wir wunderbare Predigten hören, die Weisheit und Liebe widerspiegeln, bis der Prediger indirekt oder unverhohlen sagt: „Wenn du nicht dasselbe glaubst wie ich, kommst du in die Hölle!" Wenn die relative, persönliche Schau des Unbekannten von einer Gruppe als absolute Wahrheit akzeptiert wird, wird sie zum Dogma. Jeder, der eine Brille mit andersfarbigen Gläsern trägt, muß bekehrt werden oder wird ausgeschlossen, verdammt, ist ein Feind und gefährlich.

Die normale Reaktion eines Menschen, der nicht zu dieser Gruppe gehört und der deren Verhalten als Außenstehender sieht, ist genau das: eine Reaktion. Je nach der Situation wird er entweder aggressiv oder sarkastisch. Er wird jedenfalls ganz bestimmt eine geistige Mauer zwischen sich und dieser Gruppe errichten.

Das ist es, was wir vermeiden wollen. Wir wissen, warum die Mitglieder der Gruppe sich so verhalten. Weil sie nämlich durch ihre Brillen nichts anderes als das sehen können, was sie sehen. Aber sie wissen nicht, daß sie Brillen tragen. Wir dagegen wissen jetzt, daß auch wir Brillenträger sind. Wir haben jedoch noch nicht gelernt, die Brille abzunehmen, um das rote ‚A' ebenso zu sehen wie das blaue ‚B'. Später werden wir sehen, daß es einen Weg gibt, die Wahrheit zu erfahren. Ein Weg, der darauf gerichtet ist, die Wahrheit zu erreichen und auszudrücken. Wir werden auch lernen, daß es einer lebenslangen, bewußten Anstrengung bedarf, dieses Ziel zu erreichen. Aber dieses Ziel fällt mit jenem zusammen, das wir anfangs als das Ziel für das Leben jedes einzelnen herausge-stellt haben: Glück. Wenn es uns gelingt, jenes Glück, jene innere Zufriedenheit zu erwerben, durch die Schmerz und Leiden überwunden werden, dann werden wir uns auch von den Beschränkungen befreit haben, denn wir werden keine farbigen Brillen mehr tragen.

Bis wir jedoch dieses Ziel erreicht haben, ist es eine große Hilfe, uns der Relativität unseres Denkens ständig bewußt zu bleiben. Jetzt verwenden wir viel Zeit und ungeheure Energie darauf zu beweisen, daß wir recht haben. Wenn wir die gleiche Zeit und Energie darauf verwenden, uns klar zu machen, daß der andere versucht, mit anderen Worten das gleiche zu sagen, was wir sagen wollen – wenn wir das tun, dann wird der Entwicklung der Ereignisse, die jetzt auf unsere Vernichtung zusteuert, eine andere Richtung gegeben.

Wenn wir bewußt diesen Versuch unternehmen, werden wir feststellen, daß das Problem nicht die Brillen sind, die die anderen tragen, sondern die Brille auf unserer eigenen Nase. Wir fühlen uns so sehr im Recht, daß ein anderer, der etwas anderes behauptet, unmöglich auch recht haben kann. Das wird so sein, bis wir das Ziel erreicht und uns von der Herrschaft unserer Sinne befreit haben. Solange wir Gefangene der Illusion sind, daß die materielle Welt wirklich und objektiv ist, können wir die wahre Realität nicht sehen – d.h. wir können unsere gefärbte Brille nicht abnehmen. Wir sind so sehr davon überzeugt, recht zu haben, daß wir nicht einmal die Möglichkeit in Betracht ziehen, eine andere Meinung könne ebenfalls ihre Berechtigung haben. Deshalb argumentieren wir und versuchen, unseren Standpunkt klar zu machen. Der andere reagiert darauf, indem er das gleiche tut. Das führt vom Argument zur Entfremdung, zur Feindseligkeit. In dem Augenblick aber, in dem wir uns der Relativität unserer eigenen Ansicht bewußt werden, ändert sich die Situation. Wir mögen zwar das blaue ‚B‘, von dem der andere redet, nicht sehen, aber da wir wissen, dass es für ihn ebenso wirklich ist wie für uns das rote ‚A‘, können wir versuchen, ihn zu verstehen. Nur der Versuch zu verstehen ist notwendig, um den Verlauf der Dinge zu ändern. Wenn wir versuchen zu beweisen, daß wir recht haben, bauen wir Schranken auf. Wenn wir versuchen zu verstehen, brechen wir Schranken ab.

Es ist nicht leicht und der Versuch, uns selbst dazu zu bringen, mag nicht immer erfolgreich sein. Aber versuchen müssen wir es. Wenn wir es nicht tun, schaffen wir Probleme; wenn wir es tun, tragen wir zur Lösung von Problemen bei.

3. Kapitel

An diesem Punkt unseres gedanklichen Experimentes angelangt, ist es an der Zeit, zurückzublicken. Wir haben gesehen,
daß die Menschen ein gemeinsames Ziel brauchen, mit dem
sich alle einverstanden erklären können. Wir haben die
Behauptung aufgestellt, daß dieses Ziel das Glück ist, haben
jedoch noch nicht bewiesen, daß das Streben des einzelnen
nach Glück auch das Glück anderer fördert. Ferner haben wir
gesehen, daß jeder von uns in seiner eigenen Welt lebt, die in
seinem Geist entstanden ist, daß das einzige Mittel, das zur
intellektuellen Verständigung zur Verfügung steht, die für
diese Aufgabe ungeeignete Sprache ist und daß wir einen
Dolmetscher brauchen. Als diesen Dolmetscher haben wir
die Liebe vorgeschlagen, aber wir müssen noch aufzeigen,
wie die Liebe diese Funktion erfüllt.

Wir haben gesehen, daß es eine Urenergie gibt, die die
Grundlage des ganzen Universum ebenso wie die unserer
eigenen Existenz ist, und daß diese Energie die Gesetzmäßigkeit und Ordnung der gesamten Schöpfung in sich tragen muß.
Die Wahrheit dieses absoluten Seins liegt jenseits unseres
Denkvermögens und wir haben festgestellt, daß die Religionen versuchen in Worte zu fassen, was durch Worte nicht
ausgedrückt werden kann.

An diesem Punkt angelangt, mögen wir enttäuscht und
ernüchtert anhalten. Alles scheint relativ zu sein. Es gibt
nichts, dem wir vertrauen können. Die wirkliche Realität liegt
jenseits unseres Verstandes und wir haben keinen intellektuellen Zugang zu ihr. Was sollen wir tun? Wäre es nicht besser
gewesen, wir hätten alles beim alten gelassen? Mögen die, die
einen religiösen Glauben haben, mit ihrem Glauben glücklich
werden, und die, die keinen haben, tun und lassen, was sie

wollen! Das ist genau die Situation, die wir zu Beginn unserer Betrachtung vorgefunden haben. Das ist das Prinzip, das nicht funktioniert. Das ist es, was uns zur Selbstvernichtung führt, weil wir uns gegenseitig nicht verstehen. Wir haben keine Wahl. Wir müssen die Suche nach einer Antwort fortsetzen.

Was wir bisher gefunden haben, ist natürlich nicht genug. Wir haben die dekorativen Fassaden abgebrochen. Wir wollten die Wahrheit finden, die wir dahinter vermuteten und jetzt sehen wir, daß nichts dahinter ist als gähnende Leere. Wirklich?

Wir sind an den Grenzen unseres Verstandes angelangt. Unser Verstand kann hinter den religiösen Dogmen keine absolute Wahrheit finden. Ist das ein Beweis, daß es diese Wahrheit nicht gibt? Keineswegs. Wenn wir in einer klaren Nacht den Himmel betrachten, sehen wir Hunderte von Sternen. Können wir sagen: „Es gibt keine anderen Sterne als die, die wir sehen"? Nein! Es gibt Tausende, die wir mit dem bloßen Auge nicht sehen können. Dazu brauchen wir ein Teleskop. Wir haben ein Glas mit Wasser und sagen: „Das ist reines, unverschmutztes Wasser". Wenn wir einen Tropfen dieses Wassers unter dem Mikroskop betrachten, werden wir eines Besseren belehrt. Dies sind Beispiele aus der materiellen Welt, die uns die Grenzen unserer Sinne aufzeigen. Nur dadurch, daß wir Mittel und Wege gefunden haben, den Bereich unserer Sinne zu erweitern, sind uns ihre Grenzen bewußt geworden. Bevor das Teleskop erfunden wurde, existierte der Stern, den wir nicht sehen konnten, für uns nicht. Wir erkennen die Grenzen unserer Sinne nur, wenn wir in der Lage sind, sie zu überschreiten. So wie wir im Dunkel der Nacht nach Sternen Ausschau halten, so benutzen wir unseren Verstand auf der Suche nach den Grundlagen unserer eigenen Existenz in der Weite der ewigen Wirklichkeit. Das, was unser Verstand nicht begreifen kann, gibt es für uns nicht. Wo ist das Teleskop, das uns ermöglicht, die Wirklichkeit jenseits der Grenzen unseres Verstandes zu sehen? Wenn wir nur einen Schimmer dieser Wirklichkeit sehen könnten, würde uns die Unzulänglichkeit unseres Verstandes klar werden.

Stehen uns noch andere Informationsquellen zur Verfügung? Wohin können wir uns wenden, um Hilfe zu bekommen? Wir wollen uns nicht auf die Aussagen anderer, jene Realität betreffend, verlassen. Um sagen zu können: „Ich weiß", braucht man unmittelbare Erfahrungen.

Der Verstand ist die Funktion unseres Geistes, die die von den Sinnen vermittelten Daten benutzt, um zu logischen Schlußfolgerungen zu kommen. Er ist ein Computer mit einem hochkomplizierten Programm. Wenn er jedoch Daten aufnimmt, für die er nicht programmiert ist, dann kann er nichts damit anfangen.

Glücklicherweise ist der Mensch mehr als ein Computer. Sein Geist hat mehr Fähigkeiten als jedes nur mögliche Programm. Sein Geist kann sich anderen Ebenen des Bewußtseins öffnen. Wenn wir z.B. sagen: „Das weiß ich intuitiv", so bedeutet das, daß wir wissen, ohne erklären zu können, woher das Wissen kommt. Es ist nicht eine Antwort, die der Computer gibt. Es ist das Wissen, das ganz einfach da ist. Es kann nicht immer bewiesen werden, aber derjenige, der es besitzt, braucht keine Beweise. Intuition ist aber auch der Ursprung wissenschaftlichen Fortschrittes. Zuerst ist da jene Erleuchtung durch einen inspirierten Gedanken. Dann kommt die harte Arbeit des Verstandes, die Gültigkeit des neuen Gedankens mit wissenschaftlichen Mitteln zu beweisen. Die neue Einsicht muß mit vorhandener Erfahrung koordiniert werden. Das ist möglich, solange die neue Entdeckung Objekte der sinnlich wahrnehmbaren Welt betrifft. Wenn die Intuition sich jedoch auf spirituelle Dinge bezieht, wird sie immer eine Meinung, eine Ansichtssache bleiben. Aber derjenige, der die Erfahrung der intuitiven Erkenntnis gemacht hat, weiß – oft ohne jeden Zweifel – daß sie Gültigkeit besitzt.

Wir haben gesehen, daß die Urenergie die Grundlage jeder Existenz ist. Sie trägt Gesetz und Ordnung in sich und schafft dadurch die wunderbare Harmonie der Natur und des gesamten Universums. Wir haben auch gesehen, daß unser Körper, unser Leben nichts anderes als eine Manifestation dieser Urenergie ist. Wir können uns unseren Geist als einen anderen Körper vorstellen, der aus einem viel feineren Stoff besteht. Die Schwingungen, in denen die Urenergie sich auswirkt, vibrieren im Geist in einem feineren Medium und haben andere Wellenlängen. Die Wogen des Meeres können wir sehen. Schallwellen können wir zwar nicht sehen, aber hören. Wir wissen auch, daß Glas durch die Einwirkung von Schallwellen zerbrechen kann. Lichtwellen können wir nicht hören, aber sehen. Elektrische Wellen können wir ohne einen geeigneten Empfänger weder hören noch sehen. Bestimmte Lichtwellen können wir nicht sehen und bestimmte Schallwellen nicht hören. Unsere Sinnesorgane reagieren nur auf ein schmales Band des ganzen Spektrums. Wenn wir uns diese Begrenzung der Sinne verdeutlichen, wird es uns leichter, uns die geistigen Funktionen als Manifestation der Urenergie vorzustellen. Der Tanz der Neutronen und Protonen bildet die Materie. Gedanken sind Ausdruck der gleichen Energie. Es ist ein gradueller und nicht prinzipieller Unterschied. Wir wissen, daß diese Energie die höchste Ordnung aller Dinge verkörpert. Ist es möglich, daß wir Zugang zu der Urenergie haben? Brauchen wir ein anderes Organ, einen Empfänger?

Die ältesten Philosophen der Welt, die Weisen und Seher der vedischen Zeit erklärten, daß Brahman die Grundlage aller Dinge ist. Dem entspricht Atma, das allwissende, ewig unveränderliche Selbst des Menschen. Sie lehrten, daß es dem Menschen möglich ist, durch bestimmte Disziplinen dieses Atma zu erkennen. Jesus Christus hat gesagt: „Wer Ohren hat zu hören, der höre". Was bedeutet das? Ein Mensch, der mit seiner inneren Wirklichkeit in Einklang steht, hört die Worte Jesu mit seinem physischen Ohr und ein inneres Organ wird antworten: „Ja, das ist richtig, so ist es."

Diese innere Stimme zeigt uns den richtigen Weg. Jeder kennt den inneren Konflikt, in dem uns ein Verlangen in eine Richtung zieht, während uns die innere Stimme ermahnt, nicht nachzugeben. Goethe hat ausgerufen: „Zwei Seelen wohnen, ach, in meiner Brust!" Was sind diese beiden Seelen? Eine davon ist leicht zu erkennen. Sie ist unser Ego, der Ausdruck all unserer Wünsche und Verlangen. Dabei sind nicht nur jene Wünsche gemeint, die durch die Sinne erregt werden und einen großen Bestandteil des Egos darstellen. Diese sind nur Variationen, andere Formen des einen tiefsten Verlangens, des Verlangens zu leben, des Verlangens nach individueller Existenz.

Was ist die andere Seele in unserer Brust? Was ist die Stimme, die wir – wenn wir das Ohr dafür haben – laut und klar hören können? Ist es möglich, daß diese Stimme der Ausdruck dessen ist, was gemäß der der Urenergie innewohnenden Ordnung für uns das Richtige ist?

In diesem Universum hat alles seinen bestimmten Platz. Alles hat seine Aufgabe. Ebenso wie die Bewegung der Himmelskörper das Ergebnis sich gegenseitig aufhebender Kräfte ist, so befindet sich alles in der Natur in solchem wunderbaren Gleichgewichtszustand. Diese Schöpfung ist eine einzigartige Symphonie der Manifestationen ein und derselben Kraft. In diesem Orchester nimmt der Mensch eine besondere Stellung ein. Wie wir gesehen haben, ist alles ein Ausdruck jener primären Seins-Kraft. Das Sein ist gleichzeitig die Ordnung des Seins. Das gilt auch für die Welt der Pflanzen und Tiere. Nur der Mensch besitzt Unterscheidungsvermögen. Er allein hat die Fähigkeit und die Verpflichtung, Entscheidungen zu treffen, die sein eigenes Schicksal beeinflussen.

Als in dieser Entfaltung der Seins-Kraft der Funke des Unterscheidungsvermögens zum ersten Mal zündete, war das der Augenblick der Schöpfung des Menschen. Das Tier, das seinem Instinkt folgte, war kein Tier mehr. Von diesem Augenblick an leuchtete in ihm das Licht des Bewußtseins. Als der Mensch noch kein Unterscheidungsvermögen besaß, fand er instinktiv seinen Platz in der Ordnung der Dinge. Er war nicht in der Gefahr, das bestehende Gleichgewicht zu stören. Jetzt aber brauchte er einen anderen Führer, um seinen Platz in dieser Ordnung zu finden, um zu lernen, seine Rolle richtig zu spielen.

Möglichkeiten und Risiko gehen Hand in Hand. In Europa z.B. erfreuen sich Arbeitnehmer einer verhältnismäßig großen Sicherheit des Arbeitsplatzes, die Chancen jedoch, sich etwas Eigenes aufbauen zu können, sind gering. In USA ist die Gefahr, plötzlich entlassen zu werden, viel größer. Das gleiche aber gilt für die Möglichkeit wirtschaftlicher Unabhängigkeit. Das Tier hat keine Wahl; es muß seinem Instinkt folgen. Es ist nicht in der Gefahr, gegen seine eigenen Interessen zu handeln. Es ist aber auch von der intellektuellen und geistigen Entwicklung ausgeschlossen, die ein Privileg des Menschen ist. Ja, der Mensch hat ein Privileg. Er kann immer höhere Stufen des Bewußtseins erreichen und schließlich – so wie der Fluß ins Meer einmündet – mit der Quelle seines eigenen Seins verschmelzen. Auf seinem Weg aber ist er vielen Gefahren ausgesetzt. Wie wird er die Fähigkeit, Entscheidungen zu treffen, nutzen? Wenn er dabei Fehler macht, kann er sich selbst schaden.

In dem Augenblick, in dem das Unterscheidungsvermögen zum ersten Mal aufleuchtete, waren Adam und Eva erschaffen. Ihre Unschuld war der Garten Eden. Sie waren fähig, ihren Platz in der Ordnung des Seins zu behaupten. Sie hörten laut und deutlich die Stimme dieser Ordnung, die Stimme Gottes, und folgten ihr. Deshalb waren sie in Einklang mit der Natur. Ihre Intuition war rein und nicht durch einen Geist gestört, der von Verlangen dominiert wird.

Aber da war der Apfelbaum, dessen Früchte sie nicht essen sollten. Der Apfel repräsentiert die Erfüllung eines Verlangens, das durch eine der ewigen Ordnung zuwiderlaufende Benutzung der Entscheidungsfreiheit erkauft wird. Durch die willkürliche Erfüllung eines Verlangens wurde das Ego geboren. Das ist die Erbsünde. Das Ego, dieses aus Verlangen bestehende Gewebe, trennt uns von der Wahrheit. So wie die Sonne hinter den Wolken, so ist die Wirklichkeit hinter dem Schleier der Unwissenheit verborgen, der nichts anderes als die Summe all unserer Wünsche, Verlangen und Begierden ist.

Wie können wir den Schleier der Unwissenheit entfernen? Wie können wir die Wahrheit finden und entsprechend leben? Gerade das ist es, was alle Religionen zu erreichen suchen. Im Laufe der Geschichte gab es einige außergewöhnliche Persönlichkeiten. Sie waren Menschen wie wir, aber sie waren anders. Ihre Sicht war nicht durch diese Wolken behindert, diese Wolken, die die Wahrheit verbergen. Sie konnten die unverzerrte Wahrheit, die Realität, sehen, denn sie waren ohne Ego. Ich-Bewußtsein zu haben ist menschlich, ohne Ich-Bewußtsein zu sein ist göttlich. Diese Gottmenschen kannten die Wahrheit und halfen ihren Mitmenschen, sie ebenfalls zu sehen und dementsprechend zu leben. Sie wußten, daß der Mensch nur dann glücklich sein kann, wenn er im Einklang mit der Wahrheit lebt, im Einklang mit der Urenergie, die die Grundlage seines eigenen Seins ist. Um die Wahrheit, die den spirituellen Führern selbst in vollem Umfang bekannt war, weiterzugeben, mußten diese die Sprache benutzen. Deshalb konnten sie ihren Mitmenschen nur soviel von dieser Wahrheit enthüllen, als diese zu verstehen in der Lage waren. Das Ego einiger ihrer Zeitgenossen fühlte sich herausgefordert und bedroht. Deshalb waren die meisten dieser Inkarnationen des Göttlichen zu ihren Lebzeiten schweren Angriffen und Verfolgungen ausgesetzt und wurden in ihrer Bedeutung nur von wenigen erkannt.

Diese Lehrer der Menschheit mußten sich der Sprache der Kultur bedienen, in der sie lebten. So wie man einem Erstkläßler keine höhere Mathematik beibringen kann, so konnten sie die volle Wahrheit, die ihnen bekannt war, nicht enthüllen. Sie lehrten in Parabeln und Analogien. Dazu kommt, daß ihre Zeitgenossen sich auf verschiedenen Ebenen geistiger Entwicklung befanden. Das Verständnis der tieferen Bedeutung dieser göttlichen Lehren war daher sehr unterschiedlich.

Wenn jemand, der sich in der Dunkelheit verirrt hat, einen Lichtschein sieht, füllt sich sein Herz mit Hoffnung. Freudige Erregung erfaßt ihn. Er möchte seine Erfahrung mit anderen teilen und ihnen das Licht zeigen, das er gesehen hat. Um dies zu tun, muß er die Lehren, die ihm solche Freude vermitteln, wiederholen, in seine eigenen Worte fassen und an andere weitergeben. Dazu steht ihm nur die Sprache zur Verfügung. Nachdem uns die Relativität der Bedeutung von Worten klar geworden ist, wissen wir, daß seine Lehren nicht mehr die gleichen sind wie jene, die ihn inspiriert haben. Der, der das Glaubensbekenntnis formuliert, sieht nicht die volle Wahrheit und er formuliert diese Teilwahrheit so, wie er sie versteht, seiner geistigen Vorstellung entsprechend. Dazu benutzt er seine eigenen Worte. Worte, die nur für ihn allein eine bestimmte Gültigkeit haben und von anderen wieder anders interpretiert werden.

Noch eine andere Tatsache muß berücksichtigt werden. Diejenigen, die einer Religion Form und Inhalt gegeben haben, sind nicht immer diejenigen, die die Wahrheit von dem göttlichen Meister unmittelbar empfangen haben. Es waren nicht immer die, denen sich die Wahrheit am klarsten offenbart hatte. Paulus hat Jesus in seiner körperlichen Form nicht gekannt und doch sind seine Lehren die Grundlage der christlichen Religion. Dazu kommt der Einfluß der Zeit! Mit der Zeit ändern sich die Anschauungen. Es gibt neue Formulierungen, Reformen, Revisionen. Augustinus hatte ebenso viel Einfluß auf das christliche Denken wie Paulus.

Die ursprünglichen Lehren wären heute selbst dann kaum noch wiederzuerkennen, wenn alle, die zur Entwicklung des christlichen Glaubens beigetragen haben, vollkommen rein und selbstlos gewesen wären. Das war aber nicht der Fall. In der Geschichte jeder Religion hat es Kräfte gegeben, die nicht die Wahrheit zu finden suchten, sondern danach strebten, Macht und Einfluß zu gewinnen.

Wenn wir all dies in Betracht ziehen, ist es verständlich, daß es schwierig ist, ein und dieselbe Wahrheit in allen

Religionen zu finden. Aber sie ist da. Das intuitive Wissen um diese Wahrheit, um die Realität, die jenseits des Verstandes liegt, glimmt in jedem von uns. In jenen göttlichen Lehrern war dieses Wissen um die Wahrheit eine lodernde Flamme. Und es war für alle die gleiche Wahrheit, denn es gibt nur eine. Der Körper braucht Nahrung, um zu wachsen. Die Menschheit braucht die göttlichen Lehren, um geistig zu wachsen. Aber so, wie die Nahrung vom Körper assimiliert und in ihrer Substanz verändert wird, so werden auch die göttlichen Lehren assimiliert. Das ist ein geistiger Prozeß, der Kraft gibt, aber gleichzeitig konsumiert.

Bedeutet das, daß jeder seinen Glauben aufgeben und sich allein auf die Suche nach der Wahrheit begeben soll? Keineswegs. In jeder Religion, in jeder Kirche sind die wahren Lehren noch lebendig. Wir können sie finden, wenn wir tief genug schürfen. Und je tiefer wir in unsere eigene Religion eindringen, desto näher kommen wir anderen Religionen. Wenn wir das tun, wächst das gegenseitige Verständnis unter den verschiedenen religiösen Gruppen. Sie beginnen, sich gegenseitig zu respektieren und, ohne ihre Eigenart aufzugeben, erkennen sie das Glaubensbild der anderen Gruppen als ebenso gültig für diese an, wie ihr eigenes für sich selbst.

Den Beginn dieses Prozeßes sehen wir heute innerhalb der christlichen Kirchen und Konfessionen. Es werden Anstrengungen gemacht, Einigkeit zu finden. Einigkeit bedeutet nicht, daß alle das gleiche denken müssen, daß die Orthodoxe Kirche die Autorität von Rom anerkennen muß. Es bedeutet nur, daß jede Beziehung auf Liebe aufgebaut sein muß. Dieses Band der Liebe darf nicht auf die Christenheit beschränkt sein. Es muß die ganze Menschheit verbinden.

Liebe ist der wichtigste Bestandteil jeder menschlichen

Beziehung. Es ist deshalb notwendig, daß sich jeder einzelne klar macht, was Liebe eigentlich ist. Die Liebe zwischen Mutter und Kind, Mann und Frau, zwischen Freunden und die Liebe zu Gott. In den meisten Beziehungen ist Liebe verbunden mit einem gewissen Besitzerstolz. Sie wird dann zur Abhängigkeit, zum Verhaftetsein.

Manchmal, vor allen Dingen im englischen Sprachgebrauch, wird das Wort ‚Liebe‘ im Zusammenhang mit Dingen gebraucht. Wir sagen: „Ich liebe dieses Kleid“, „Ich liebe diese Stereoanlage“. Das zeigt, daß wir das Wort ‚Liebe‘ benutzen, um unsere gefühlsmäßige Bindung auszudrücken. Diese Bindung besteht jedoch nicht, wenn sich der Gegenstand nicht in unserem Besitz befindet. Solange wir die Stereoanlage im Schaufenster sehen, mögen wir ein Verlangen danach haben, aber wir werden nicht das Wort ‚Liebe‘ gebrauchen. Sobald wir sie aber besitzen, messen wir ihr einen größeren Wert bei und wir mögen sagen, daß wir sie lieben.

Diese Wertung als Besitz, die mit dem Wort ‚Liebe‘ verbunden ist und die, wenn es sich um Gegenstände handelt, ganz deutlich wird, ist auch Bestandteil vieler anderer Formen der Liebe. Sie ist sogar in der Mutterliebe enthalten. Welche Art der Liebe aber ist es, von der Jesus spricht, wenn er sagt: „Liebet eure Feinde“? In dieser Liebe kann kein Besitzerstolz und keine gefühlsmäßige Bindung enthalten sein. Wie können wir unsere Feinde lieben? Es muß schwierig sein, einem Menschen zärtliche Gefühle entgegen zu bringen, der im Begriff ist, uns zu schaden.

Ist Liebe das Gefühl, das uns zu dem Objekt unserer Liebe hinzieht? Ist es der Wunsch, der Drang, ihm näher und näher zu kommen? Was ist Liebe?

Das wirkliche Zeichen von Liebe ist das Zusammenbrechen der Schranken, die das Ich-Bewußtsein bilden. Wo Liebe regiert, muß der Egoismus das Feld räumen. Die Mutter und ihr Kind sind das beste Beispiel dafür. Wenn das Kind Hunger hat, wird die Mutter ihm zu essen geben, bevor sie an sich selbst denkt. Wenn das Kind in Gefahr ist, wird die Mutter ihm, ohne Rücksicht auf die eigene Sicherheit, zu Hilfe kommen. Das zeigt, daß der Egoismus, der Beschützer der Eigeninteressen, von einer anderen Kraft überwältigt wird. Ist das das Geheimnis der Liebe? Normalerweise motiviert der Egoismus jeden unserer Schritte. Jede unserer Handlungen ist darauf gerichtet, ein Bedürfnis zu befriedigen, ein Verlangen zu stillen. Wenn jedoch die Liebe dominiert, ist es anders.

Möglicherweise finden wir hier die Antwort auf unsere Frage ‚wie kann ich mich dazu erziehen, zu lieben?' Üblicherweise halten wir die Liebe für eine Gefühlsregung, die dem Unterbewußtsein entspringt und die wir durch unser bewußtes Denken nicht beeinflussen können. Jesus sagt: „Liebe deinen Nächsten wie dich selbst." Was kann ich aber tun, wenn ich ihn nicht ausstehen kann?

Alle unsere gefühlsmäßigen Bindungen, Wünsche und Verlangen bilden eine Zelle, in der unser Geist, vom Ich-Sein beherrscht, gefangen gehalten ist. Wenn wir unserem Ich-Bewußtsein, das uns dazu zwingt, mit jeder Handlung unserem Ego zu dienen, die Zügel aus der Hand nehmen, wenn wir die Schranken, die durch unsere Wünsche, Verlangen und Begierden errichtet werden, abbrechen, dann kann die Liebe zu fliessen beginnen und unser Herz füllen. Solange Wasser in einem Topf ist, kann keine Luft darin sein. Wenn das Wasser verdunstet, ist der Topf voller Luft. Das Wasser ist das Ich-Bewußtsein, die Luft ist die Liebe.

Jeder der Botschafter Gottes lehrt uns, daß wir zu solchen, mit Liebe gefüllten Gefäßen werden müssen. Wie können wir aber in dieser Welt überleben, wenn wir nicht von unserem Ich-Bewußtsein, das uns lehrt, unsere Eigeninteressen wahrzunehmen, beschützt werden? Was ist ein Leben ohne die Würze gefühlsmäßiger Bindungen, Wünsche und Verlangen wert?

Da wir von der materiellen Welt hypnotisiert sind, glauben wir im allgemeinen, daß uns die Erfüllung unserer Wünsche und ehrgeizigen Pläne glücklich macht. Das ist unser Verhängnis. Wir halten an unseren Wünschen fest und dadurch werden wir deren Gefangene. Wir wollen gar nicht von ihnen frei werden. So wie der Raucher sich selbst über den Schaden, den er seiner Gesundheit zufügt, hinwegtäuscht, so weigern wir uns, die Nichtigkeit der materiellen Welt einzugestehen. Wir sind süchtig und wollen uns nicht ändern. Und unser Ich-Bewußtsein ist nur zu willig, uns darin zu bestärken und uns zu überzeugen, daß das nicht notwendig ist. Es trübt unseren Blick, so daß wir die Wahrheit nicht sehen.

Wir müssen unseren Geist dazu benutzen, uns selbst und die Lage, in der wir uns befinden, von außen zu sehen, Entscheidungen zu treffen und diese dann in unserem Leben zu verwirklichen. Das ist das, worauf es ankommt! Das wird neue Prioritäten für uns setzen, die zu einer Umwertung aller Werte führen. Wenn wir die scharfen Gewürze der Wünsche, Verlangen und Begierden aufgeben, werden wir Gefallen an dem zarten Aroma der Liebe finden und uns einer bis dahin unbekannten Freiheit erfreuen.

4. Kapitel

Die Frage: „Wie können wir in dieser Welt ohne den Schutz eines gesunden Egoismus überleben?" ist jedoch berechtigt. Wir leben in einer Welt des Wettbewerbs. Müssen wir nicht mit den Wölfen heulen? Wenn wir es nicht tun, werden wir nicht ständig übervorteilt?

Wir haben vorher über die Urenergie und über die darin enthaltene Ordnung aller Dinge gesprochen. Wir haben gesehen, daß unser Leben auch eine Manifestation dieser Urenergie ist! Deshalb gibt es auch eine bestimmte Ordnung für unser Leben. Wenn wir diese Ordnung verwirklichen und uns in ihr bewegen, wird sie uns beschützen und wir brauchen keinen Egoismus. Das meinte Jesus, als er sagte: „Sehet die Vögel unter dem Himmel an: sie säen nicht, sie ernten nicht, sie sammeln nicht in die Scheunen; und euer himmlischer Vater nährt sie doch."

Wir müssen den rechten Gebrauch von unserem Unterscheidungsvermögen machen und immer das tun, was richtig ist. Dann brauchen wir nicht besorgt zu sein, was dabei herauskommt. Wir dürfen uns sogar keine Sorgen machen! Das ist nicht leicht. Unser Ich-Bewußtsein ermahnt uns, auf der Hut zu sein und nur das zu tun, was uns seiner Meinung nach Vorteile bringt. Wenn wir dieser Stimme folgen, dann hören wir nicht die viel feinere Stimme, die uns zwischen richtig und falsch unterscheiden läßt. Wenn wir jedoch unsere Denkweise ändern und anstatt zu fragen: „Was geschieht, wenn ich das tue?" uns die Frage stellen: „Ist es richtig, das zu tun?", dann beginnen wir innerhalb der Ordnung der Urenergie zu leben. Die Weisen der vedischen Zeit haben proklamiert: „Dharma beschützt den, der Dharma lebt." Dharma ist diese göttliche Ordnung.

Das bedeutet nicht, wir sollen uns ausruhen, faulenzen und warten, bis wir gefüttert werden. Wir müssen unsere Pflicht erfüllen. Wir müssen arbeiten, um unseren Lebensunterhalt zu verdienen. Aber die Motive sind anders. Der Motor, der uns treibt, ist nicht mehr das Ich-Bewußtsein. Solange wir vom Ego motiviert werden, ist die treibende Kraft entweder Gier oder Angst; die Gier, soviel als möglich für uns selbst zu erwerben oder die Angst, nicht genug zu bekommen.

Um dem Ich-Bewußtsein seinen Einfluß zu entziehen, müssen wir das fundamentale Vertrauen entwickeln, daß wir bekommen, was wir verdienen und brauchen, wenn wir nur tun, was richtig ist. Das Ich-Bewußtsein aber ist hartnäckig und will sich behaupten, indem es uns einflüstert: „Du verdienst mehr, du verdienst mehr". Wenn wir dieser Stimme nachgeben, sind wir wieder auf dem falschen Gleis und haben den Anschluß verpaßt.

Wie können wir diese uns angeborenen Tendenzen überwinden? Ein guter Anfang ist es, uns klar zu machen, wie wenig wir eigentlich brauchen, um ein glückliches Leben zu führen. Die meisten unserer sogenannten Bedürfnisse entspringen unserer Einbildung. Sie bestehen aus Dingen, an die wir uns gewöhnt haben, die wir haben wollen, weil andere sie haben oder weil uns eingeredet wird, daß wir sie brauchen. Es gibt heute noch Menschen in entlegenen Gegenden, die genauso leben, wie ihre Vorfahren vor 2000 Jahren. Sie wissen nichts von den Bequemlichkeiten der westlichen Zivilisation, aber sie führen ein glückliches Leben, solange sie nichts anderes kennen. Wenn aber jemand kommt und gibt einem von ihnen eine Armbanduhr, dann wollen alle Armbanduhren haben und diejenigen, die keine bekommen, fühlen sich zurückgesetzt. Die Antwort auf die Frage: „Wer ist der ärmste

Mensch?" lautet: „Der Mensch mit den meisten Wünschen."
In unserem materialistischen Denken besteht die Vorstellung,
daß reich zu sein bedeutet, daß man sich alle Wünsche erfüllen
kann. Das ist ein grundsätzlicher Irrtum. Jeder erfüllte
Wunsch gebiert zehn neue Wünsche. Wenn jene, die wenig
haben, doch nur wüßten, daß die Reichen nicht glücklicher
sind, nur weil sie reich sind! Glück ist nicht von materiellen
Bedingungen abhängig. Es ist das Ergebnis einer inneren
Haltung. Es ist Ausstrahlung einer tieferen Freude, die eine
Begleiterscheinung der Zufriedenheit ist. Wenn wir unsere
Wünsche loslassen, erwerben wir ein inneres Gleichgewicht,
das durch keinerlei äußere Einflüsse erschüttert werden kann.
Der erste Schritt, sich in diesen Zustand der Glückseligkeit zu
versetzen, ist, zu erkennen, wie erstrebenswert er ist. Die
hypnotische Kraft, die die materielle Welt auf uns ausübt und
durch die wir dieser verfallen sind, macht uns blind für den
Garten Eden, der in uns liegt.

Der erste Schritt ist der schwerste. Danach kommt die
Erfahrung. Das Ich-Bewußtsein aufzugeben und der inneren
Stimme des Unterscheidungsvermögens zu folgen ist das
gleiche wie mit einem Fallschirm aus dem Flugzeug zu
springen. Andere versichern uns, daß der Fallschirm sich
öffnen wird, und wir haben es auch gesehen, aber wir haben
die Erfahrung selbst noch nicht gemacht. Zu springen und sich
selbst fallen zu lassen, erfordert das Vertrauen, daß der
Fallschirm sich öffnen und uns unverletzt zur Erde bringen
wird.

Wir suchten nach der Definition der Begriffe: Liebe und
Glück. Was wir gefunden haben, ist eine enge Beziehung
zwischen den beiden. Liebe wird unser Herz erfüllen, wenn
wir die Schranken, die das Ich-Bewußtsein um uns herum
aufrichtet, niederreißen. Dann erkennen wir, daß alles eine

Manifestation der göttlichen Urenergie ist, die auch der innerste Kern unseres eigenen Seins ist. Liebe ist das Bewußtsein eins zu sein.

Um unser Herz der Liebe öffnen zu können, müssen wir Wünsche, Verlangen und Begierden aufgeben. Das wiederum vermittelt uns Zufriedenheit, Freude und Glück. Unsere Hypothese war, daß Glück das Ziel unseres Lebens ist. Jetzt sehen wir, daß, wenn jeder nach dem Glück dieser Art strebt, nach dem Glück, das jener Zufriedenheit und Freude entspringt, daß sich dann alle Herzen öffnen und zu Gefäßen werden, die bereit sind, die göttliche Liebe in sich aufzunehmen.

Die andere Hypothese war, daß die Liebe den Menschen als Dolmetscher dienen kann. Wenn zwischen den einzelnen Individuen keine Schranken mehr bestehen und das Bewußtsein, eins zu sein, ein Gefühl der Brüderlichkeit hervorgerufen hat, dann werden bewußte Anstrengungen unternommen, sich gegenseitig zu verstehen. Wo die Liebe regiert, sind keine Worte nötig, um sich verstehen zu können. Und wir haben gesehen, daß Worte die Wurzel aller Mißverständnisse sind. Wie die Mutter unaufgefordert für ihr Kind sorgt, so sorgt der, dessen Herz von Liebe erfüllt ist, für seinen Nächsten. Es ist ganz offensichtlich, daß eine Gesellschaft, in der das öffentliche Denken von dieser Philosophie beherrscht wird, besser funktionieren würde, als unsere materialistisch orientierte Gesellschaft. Die Frage ist: Wie können wir eine solche Gesellschaft bilden? Wie kann das Denken aller Menschen neu ausgerichtet werden? Es gibt nur eine Möglichkeit für den einzelnen damit zu beginnen und das ist in seinem eigenen Leben. Wir müssen uns ändern! Aber wir bringen keine Opfer, um der Gesellschaft zu dienen. Wir tun es für uns selbst. Wir tun es, um glücklich und zufrieden zu werden. Der

Beitrag, den wir dabei zur Gesundung der Gesellschaft leisten, ist ein Nebenprodukt. Wenn dieses innere Glück unser gemeinsames Ziel ist, nach dem wir streben, dann werden alle Probleme und Krankheiten der Gesellschaft geheilt. Wenn der einzelne innerhalb der von der Urenergie vorgezeichneten Ordnung lebt, wird auch die Gesellschaft dieser Ordnung folgen und als Folge davon von ihr beschützt werden.

Für den einzelnen, den starke Bande an die materialistische Welt fesseln, ist es schwierig den ersten Schritt zu tun. Seine Bindungen formen einen Schleier der Unwissenheit, der ihn hindert, die Wahrheit zu sehen. Er gleicht dem Baron von Münchhausen, der versuchte, sich an seinem eigenen Schopf aus dem Sumpf zu ziehen. Er braucht Hilfe. Durch die Jahrtausende hindurch hat es immer wieder Inkarnationen jener Urenergie gegeben, die entweder ohne jedes Ich-Bewußtsein geboren waren und daher ohne Bindung an die materielle Welt, oder die befähigt waren, ihr Ich-Bewußtsein in diesem Leben zu überwinden und dadurch die absolute Wahrheit auf allen Bewußtseinsebenen zu erkennen. Sie haben ihre Mitmenschen gelehrt, wie man leben muß. Sie mußten die Sprache ihrer Zeit sprechen und konnten nur soviel von der Wahrheit enthüllen, wie ihre Zeitgenossen zu verstehen in der Lage waren. Entsprechend dem Stand der geistigen Entwicklung ihrer Zuhörer kleideten sie diese Wahrheit in verschiedene Worte. Rama, Krishna, Moses, Zarathustra, Buddha, Jesus und Mohamed – sie alle lehrten dieselbe Wahrheit. Sie hatten nicht die Absicht, neue Religionen zu gründen. Sie lehrten ganz einfach die wirklichen Zusammenhänge. Es waren ihre Anhänger und Nachfolger, die durch ihre Interpretation der Lehren ein religiöses Dogma schufen. Wenn die spirituellen Lehren, die mit dem Herzen aufgenommen werden müssen, in Worte gepreßt werden, die jedermann intellektuell verstehen kann, dann verschwindet die dahinterliegende Wahrheit und die Formulierung wird das einzig Wichtige. Darum scheinen die Religionen so verschieden zu sein. Aber wenn wir den Willen haben, einander zu verstehen, dann ist das möglich. Durch gegenseitige Liebe wird uns die gemeinsame Grundlage deutlich, ohne daß wir irgendeinen der Werte, die wir gefunden haben, aufgeben müssen.

Gleichgültig, auf welchem Pfad wir der Wahrheit zustreben, eine Tatsache ist gewiß: Nichts, was uns von unserem Nächsten trennt, nichts, was Schranken errichtet, kann richtig sein! Wie können wir uns selbst von jemandem trennen, mit dem wir eins sind? Das kann nur die Folge einer Täuschung sein. Und doch besteht in fast allen Religionen die Neigung, Schranken zu errichten, Andersdenkende auszuschliessen. In der ganzen Welt gibt es Theisten und sogenannte Atheisten, die wunderbare Menschen sind, die in Harmonie mit der Urordnung leben und die gewissenhaft der inneren Stimme des Unterscheidungsvermögens folgen. Wenn jedoch die Anhänger verschiedener Glaubens- und Denksysteme nach einer gemeinsamen Basis suchen, dann werden Schranken sichtbar, die unüberwindlich erscheinen. Zwei Tatsachen tragen zu diesem Phänomen bei. Eine davon ist das Ego. Die andere ist eine berechtigte und zum Teil notwendige Isolierung. Letztere wollen wir zuerst betrachten. Wenn jemand in seinem Herzen von den Lehren eines spirituellen Führers berührt worden ist, dann sieht er einen Schimmer der Wahrheit und erahnt, wie er sein Leben gestalten sollte. Er ist aber weit davon entfernt, die spirituelle Wirklichkeit voll erfaßt zu haben. Er gleicht einer jungen Pflanze, die beschützt werden muß. Wenn dieser Mensch andere Lehren hört, die oberflächlich gesehen dem zu widersprechen scheinen, was er gerade gefunden hat, dann wird er verwirrt. Er weiß nicht, was er tun soll. Er mag sich von diesem oder jenem Denksystem angezogen fühlen und nie in die Tiefe gehen, wo die wirklichen Werte liegen. Er gleicht dem Mann, der auf seinem Feld nach Wasser gräbt. Wenn er nicht gleich Wasser findet, hört er auf und versucht es an einer anderen Stelle. Vielleicht gräbt er schließlich tief genug und findet Wasser, aber sein Feld ist durch die vielen Löcher ruiniert. Er hätte das Wasser in dem ersten Loch finden können, wenn er nicht durch die anderen Möglichkeiten abgelenkt worden wäre.

Jeder, der ernsthaft nach spiritueller Erkenntnis strebt, weiß, daß er von dem Pfad, für den er sich entschieden hat, nicht abweichen darf, sondern ihn bis zum Ende gehen muß. Das haben natürlich auch alle jene geistigen Führer gelehrt. Sie alle erweckten in ihren Jüngern jenen unerschütterlichen Glauben, der das Ergebnis spiritueller Erfahrung ist.

Es ist die Erfahrung, daß sich der Fallschirm öffnet, daß wir sicher sind, solange wir in der Urordnung leben, daß wir beschützt werden, daß wir reicher werden, wenn wir geben. Diese Erfahrung jedoch kann nur gemacht werden, wenn der Schüler seinem Lehrer bedingungslos vertraut. Deshalb ist der erste Schritt der schwerste. Später stärken Glauben und Erfahrung sich gegenseitig. Sie wachsen an, bis sie zu einer spirituellen Lawine werden, die alles verändert und uns in einer Welt der Glückseligkeit wiedergeboren werden läßt.

Es ist deshalb notwendig, daß die geistigen Führer ihre Anhänger ermahnen, sich nicht durch andere Lehren oder Religionen verwirren zu lassen. Die Art und Weise aber, in der diese Mahnung interpretiert wird, ist häufig von dem anderen Faktor, den wir vorher erwähnt haben, beeinflußt: vom Ego. Der Lehrer war frei von jedem Ich-Bewußtsein und im vollen Besitz des Wissens um die spirituelle Wirklichkeit. Er konnte sagen: „Ich bin der Weg, die Wahrheit und das Leben. Niemand kommt zum Vater denn durch mich." Sein ganzes Sein strahlte die Bedeutung dieser Wahrheit aus. Seine Jünger aber waren auf einer anderen Stufe spiritueller Entwicklung. Sie hörten diese Worte, aber sie legten sie auf ihre eigene Weise aus. Sie alle sahen einen Schimmer der Wahrheit. Sie alle machten ihre eigenen, echten Erfahrungen, die sie mit freudiger Erregung erfüllten. Diese Erfahrungen wollten sie mit anderen teilen. Sie wollten anderen das gleiche Glück vermitteln, das ihnen selbst zuteil geworden war, aber sie glaubten, daß nur der Weg, den sie gefunden hatten und gegangen waren, zu diesem Glück führt.

Nehmen wir das Christentum als bedeutendste Religion der westlichen Welt als Beispiel. Seit 2000 Jahren hat es unser Denken geformt. Jesus als ‚Sohn Gottes', als göttliche Inkarnation ohne Ich-Bewußtsein, vollkommen selbstverwirklicht, besaß das ganze Wissen um die Wirklichkeit, die jenseits des Verstandes liegt. Er lehrte das volle Spektrum der Wahrheit. Jene, die ihm nachfolgten, gehörten einem bestimmten Kulturkreis an. Sie waren in der jüdischen Tradition aufgewachsen. Die Philosophie, die zu ihrer Zeit die Gesellschaft beherrschte, hatte ihr Denken geformt. Die Mehrzahl der Jünger Jesu verstand und interpretierte daher seine Lehren in Übereinstimmung mit dieser Philosophie, die ihre eigenen geistigen Vorstellungen geprägt hatte. Wir wissen heute, daß die frühen christlichen Gemeinden keineswegs homogen waren. Verschiedene Gruppen interpretierten die Lehren Jesu unterschiedlich. Das beweist das ‚Gnostische Evangelium', das 1945 in Ägypten gefunden wurde. Es zeigt, daß zu dieser Zeit eine geistige Auseinandersetzung stattfand. Schließlich setzte sich die Mehrheit durch und diktierte das religiöse Denken und damit die allein gültige Interpretation der Lehren Jesu. Der spirituelle Horizont dieser Mehrheit war so begrenzt, daß sie die Gültigkeit anderer Interpretationen neben ihrer eigenen nicht anerkennen konnte. Einige der Kirchenväter der frühchristlichen Zeit mögen das erkannt haben. Sie mögen aber auch gesehen haben, daß die feineren, mystischen Interpretationen nicht das waren, was die Masse der Bevölkerung in jener Zeit brauchte.

Als daher nach der Bekehrung des römischen Kaisers Konstantin im vierten Jahrhundert der Kirche politische Macht zur Verfügung stand, wurde Gewalt angewendet, um alle ‚häretischen' Meinungen zu unterdrücken. Was wir heute als christliche Religion kennen, sind nur jene Aspekte der Lehren Jesu, die von der Mehrzahl seiner Nachfolger verstanden wurden. Alle anderen sind durch den historischen Prozeß herausgefiltert worden. Viele von denen, die die Dogmen der Kirche geprägt haben, konnten die Gültigkeit anderer Anschauungen nicht erkennen, weil ihr Ego es ihnen nicht erlaubte. Ihre Erkenntnis der Wahrheit war begrenzt, denn das Ich-Bewußtsein begrenzt diese Erkenntnis. Sie glaubten, treue Nachfolger Jesu zu sein, und sie waren es. Aber andere waren es auch. Sie waren jedoch ehrlich davon überzeugt, daß die Verurteilung anderer Anschauungen notwendig und letzten Endes im Interesse der ganzen Christenheit war.

Möglicherweise war es das auch. Es kann sein, daß jener Teil der Weltbevölkerung, der sich zu dieser Zeit noch auf einem verhältnismäßig niedrigen Niveau geistiger Entwicklung befand, gerade durch diese Interpretation der Lehren Jesu angesprochen wurde. Die Menschheit auf ihrem Weg vom Tier zum Göttlichen, der durch die Schöpfung vorgezeichnet ist, war für die feineren und alles vereinenden Aspekte der Wahrheit noch nicht aufnahmefähig. Aber die

Auseinandersetzung dauerte fort. Und die Unterdrückung gegensätzlicher Ansichten dauerte an. Nach der frühzeitigen Trennung in West und Ost, Rom und Byzanz, war die Kirche stark genug, alle das Dogma gefährdenden Ansichten der Wahrheit zu unterdrücken. Aber Stimmen, die diese Ansichten vertraten, waren da und wurden laut. Manchmal befanden sich jene, die diese Ansichten vertraten, sogar in hoher, einflußreicher Stellung, wie z.B. Meister Eckehart im 13. Jahrhundert. Aber am Ende wurden alle diese Stimmen zum Schweigen gebracht.

Mit Beginn der Reformation verlor die Kirche die Macht, Andersdenkende zu unterdrücken und das alte Spiel: ‚Ich habe recht, was du denkst, ist falsch‘, führte zu der Vielzahl von Kirchen, die wir heute sehen. Aber wir dürfen niemals vergessen, daß das, was diese Kirchen lehren und was ihre Mitglieder für den einzig richtigen christlichen Glauben halten, von 2000 Jahren menschlichen Suchens und Irrens geprägt wurde. Dieser Glaube ist das Ergebnis der tiefsten Gedanken jener, die den religiösen Dogmen ihre heutige Form gegeben haben. Aber es ist nicht die volle, umfassende Wahrheit, die Jesus Christus gelehrt hat.

Zu Beginn dieser Ausführungen haben wir die Situation betrachtet, in der sich die Welt heute befindet. Die menschliche Gesellschaft treibt dem Abgrund atomarer Vernichtung zu und, wenn keine Richtungsänderung erfolgt, ist die Katastrophe unvermeidlich. Im Leben des einzelnen können wir oft beobachten, daß schmerzliche Erfahrungen und Leiden notwendig sind, um den Menschen dazu zu bringen, sein Leben zu überdenken und zu ändern. Gilt das Gleiche für die Weltbevölkerung? Die grausame Erfahrung zweier Weltkriege war offensichtlich nicht genug, das Weltgewissen wachzurütteln. Brauchen wir ein noch furchtbareres weltweites Morden oder können wir die Zeichen an der Wand lesen? Die Entscheidung in den Herzen von Millionen kann das Antlitz der Welt ändern. Es gibt nur eines, was der einzelne tun kann, um zur Genesung des Ganzen beizutragen: Er muß aufhören, sich mit den Fehlern anderer zu beschäftigen, und sein eigenes Leben neu überdenken.

5. Kapitel

Was aber ist der erste Schritt? Es ist der Schritt, der uns dem inneren Glück und der Liebe näher bringt. Er ist für jeden verschieden. Jeder muß für sich selbst entscheiden, welches der erste Schritt ist. Aber eine Vision des Zieles ist notwendig, um die richtige Richtung zu finden. Wir haben gesehen, daß Liebe das Herz füllen wird, wenn das Ego verschwindet und daß Freude, Glück und Zufriedenheit einziehen, wenn Wünsche und Verlangen zum Schweigen gebracht werden. Es ist ein guter Anfang – wenn auch nicht für jeden – diese Behauptung zunächst einfach anzunehmen und damit zu beginnen, den Einfluß des Egos und der Wünsche auf das Denken zu reduzieren. Jeder kann einen Versuch machen. Er kann ausprobieren, was geschieht, wenn er in diese Richtung geht. Wie bei jedem Test dürfen die Versuchsbedingungen natürlich nicht beeinflußt werden. Man muß – zumindest für die Dauer des Versuches – die Tatsache akzeptieren, daß das Ego und die Wünsche, die es nährt, Feinde des inneren Friedens und Hindernisse auf unserem Weg zum Glück sind. Wir mögen zunächst nicht glauben, daß das wahr ist. Aber laßt uns nicht darüber diskutieren! Wir brauchen nichts zu glauben, was wir nicht selbst erfahren haben. Nachdem wir eine Erfahrung gemacht haben, sind wir nicht mehr darauf angewiesen zu glauben, was andere uns sagen, sondern wir wissen. Dann brauchen wir nicht mehr zu diskutieren. Um jedoch bestimmte innere Erfahrungen zu machen, müssen wir unsere Aufmerksamkeit von der materiellen Welt, die wir mit unseren Sinnen wahrnehmen, abwenden und uns auf unsere innere Realität konzentrieren.

Wenn wir das tun, haben wir das Gefühl, wir müssen etwas aufgeben, woran wir hängen und das uns viel wert ist. Wir hängen an dem Geld, das wir verdienen und es ist uns sehr viel wert, aber wenn wir krank sind, gehen wir zum Arzt und bezahlen ihn für seinen Rat. Wenn der Arzt uns sagt, daß wir uns einer schweren Operation unterziehen müssen, dann mögen wir noch einen anderen Arzt konsultieren; wir mögen versuchen, die Operation aufzuschieben. Wenn sich unser Zustand aber verschlechtert, denken wir nicht mehr an das Geld, sondern bezahlen willig den Arzt und das Krankenhaus. Warum? Weil wir etwas haben wollen, was mehr wert ist als Geld: Gesundheit. Die Gesellschaft ist der Patient, der ins Krankenhaus gehört. Immer wieder haben die Ärzte, in diesem Falle die spirituellen Lehrer, uns gepredigt, was wir tun müssen, um gesund zu werden, aber wir wollen nicht hören, wir wollen den Preis nicht zahlen. Jetzt aber bleibt uns nur eine Wahl: Behandlung oder Tod!

Glücklicherweise bedarf es keiner schweren Operation. Eine gewisse Diät und homöopatische Behandlung können zur Heilung führen. Und wir dürfen eines nicht vergessen: Wir tun es in unserem ureigensten Interesse. Man sollte denken, daß es dadurch leichter wird, einen Anfang zu machen. Das ist aber nicht der Fall. Solange wir nämlich nur nach materiellem Gewinn und nach Befriedigung der Sinne streben, solange sehen wir die Schätze nicht, die in uns liegen. Wir gleichen einem Raucher. Der Raucher weiß, daß er sich selbst schadet, aber er findet tausend Gründe, das Rauchen nicht aufzugeben, weil er es nicht aufgeben will. Um die Gewohnheit zu durchbrechen, bedarf es einer ersten Entscheidung und großer Standhaftigkeit. Wenn die Entziehungserscheinungen vorüber sind, wird er sich einer bis dahin unbekannten Freiheit erfreuen. Es mag die Gesundheit gewesen sein, die ihn zu seiner Entscheidung veranlaßt hat, aber er wird feststellen, daß er mehr gewonnen hat: Die Freiheit von einer

Sucht, die seinem Denken selbst errichtete Schranken setzte, die er nur wahrnimmt, nachdem er sie überwunden hat.

Wir sind alle süchtig. Wir haben ein unstillbares Verlangen nach materiellen Dingen und nach Befriedigung der Sinne. Wir sehen nicht das ‚Himmelreich in uns‘, weil wir immer in die andere Richtung schauen und deshalb die Schranken nicht sehen, die unser Denken begrenzen. Wir können sie nicht sehen, denn sie werden nur sichtbar, nachdem wir sie überwunden haben.

Jeder, der eine spirituelle Erfahrung gemacht hat, wird dieses Paradoxon verstehen. Es ist ein Zeichen spiritueller Reife, einen Lehrer zu hören, eine Ahnung zu bekommen, was er meint und den ersten Schritt zu tun: „Wer Ohren hat zu hören, der höre!"

Es ist ein großes Problem, daß – vor allen Dingen in den westlichen Ländern – das spirituelle Leben seit Jahrhunderten in Form organisierter Religion vom täglichen Leben abgesondert ist. Die meisten Menschen denken, daß Spiritualität ein Monopol der Kirchen ist. Nicht jeder, der eine geistige Erfahrung macht und den ersten Schritt tut, wird gleich ein Heiliger werden. Das Ego bleibt so stark und dominierend wie zuvor und es ist ein langer und manchmal frustrierender Kampf, es unter Kontrolle zu bringen. Die Kirchen und ihre Anhänger waren deshalb nicht immer die besten Vorbilder für ein spirituelles Leben. Zeitweise waren sie ebenso schlimm oder schlimmer als irgendeine weltliche Institution. Die Menschen wurden enttäuscht und wandten sich von den Kirchen ab. Da in ihrem Denken die nichtmaterielle, innere Welt ein Privileg der Kirchen ist, wandten sie sich auch von dieser inneren Welt ab und verfielen mehr und mehr dem Materialismus. Das Ego hält immer nach Gründen Ausschau, die ihm bestätigen, daß es sich nicht zu ändern braucht. Es hängt an der materiellen Welt und verlangt nach Befriedigung der Sinne. Wenn das Ego sieht, daß die Anstrengung der Kirchen die Lebensbedingungen nicht verbessern, ist es nur zu gern bereit, die Lehren dieser Kirchen zusammen mit ihrer Moral und ihrem Sittenkodex über Bord zu werfen und gerade das Gegenteil zu tun. Das hat ganze Nationen in die Arme von Ideologien getrieben, die nicht von Liebe und Vertrauen, sondern von Haß und Furcht dominiert werden. Sie nehmen diese Ideologien an, denn wenn eine Krankheit von einer Medizin nicht geheilt wird, versucht man eine andere. Die religiösen Anstrengungen der Kirchen schienen die Krankheit der Gesellschaft nicht zu heilen und so versuchten sie es mit anderen Theorien und kämpften für andere Ideen. Sie mußten jedoch lernen, daß keine dieser Medizinen die Krankheiten heilt, sondern bestenfalls die Symptome bekämpft.

Wenn wir uns nicht von bestimmten Denkgewohnheiten befreien, haben wir keinerlei Aussicht auf Erfolg. Eine davon ist: ‚Diese Leute gehen jeden Sonntag in die Kirche, aber frage nicht, wie sie sich am Montag benehmen.‘ Wenn ich mit meinem Finger auf meinen Nachbarn zeige, sind drei Finger auf mich selbst gerichtet! Es geht uns nichts an, was unser Nachbar am Sonntag oder am Montag tut. Wir dürfen uns nur um unsere eigenen Angelegenheiten kümmern und fragen: ‚Wie lebe ich die ganze Woche über?‘

Eine andere Verblendung ist die Vernachläßigung der Lebensregeln, die uns die spirituellen Lehrer der Vergangenheit gegeben haben. Wenn unser Herz von jener Liebe erfüllt ist, die dort blüht, wo das Ego seinen Einfluß verloren hat, dann werden alle unsere Handlungen von dieser Liebe bestimmt und wir brauchen keine Vorschriften und Regeln mehr. Solange wir jedoch noch unter der Diktatur des Ego leben, brauchen wir sie. Sie wurden uns zu unserem eigenen

Besten gegeben und nicht, um unser Vergnügen einzuschränken. So wie das Kind die Notwendigkeit des Lernens nicht erkennt und es für eine, von den Erwachsenen erfundene, unnötige Unterbrechung des Spielens hält, so betrachten die Menschen diese Regeln als überflüßige Begrenzung einer falsch verstandenen Freiheit. Sie erkennen nicht, daß diese Regeln und Vorschriften Ausdruck der Urordnung sind und sie wissen nicht, daß Glück nur innerhalb der Urordnung zu finden ist. Es ist ein Teufelskreis, daß Eltern, die im Spirituellen verwurzelt sind und den richtigen Weg kennen, mehr und mehr der materiellen Welt verfallen und nach Befriedigung der Sinne streben. Sie ziehen Kinder groß, die dann einen Schritt weiter in der falschen Richtung gehen. Das Klima in der Gesellschaft wird einzig und allein durch unser Denken und Handeln bestimmt. Die Gesellschaft ist der Boden, und die Früchte, die er trägt, entsprechen der Art und Weise, wie er aufbereitet worden ist. Wenn wir uns nicht um den Garten kümmern, wächst Unkraut und wir wissen nicht, wo es herkommt.

Dem Verlangen des Augenblicks nachzugeben, ist eine Nichtachtung der Regeln der Urordnung und es ist kein Wunder, daß diese zu Krankheiten führt, zu Verbrechen, Drogenmißbrauch, sozialer Unruhe, wirtschaftlichen Krisen usw. Wenn das Gesetz der Schwerkraft im Weltall auf einmal aufgehoben würde, dann würde alles zusammenbrechen. Sterne und Sonnensysteme würden aufeinanderprallen und die Harmonie des Himmels wäre gestört. Die Gesellschaft ist auch ein solches Weltall, und was das Gesetz der Schwerkraft für Sonne und Sonnensysteme ist, das ist das Gebot der Liebe für die Menschen, Gemeinden und Nationen. Die Sterne haben keine Wahl; sie müssen der Urordnung folgen. Der Mensch hat die Freiheit der Entscheidung. Das ist sein

Vorrecht und seine Verantwortung. Ob wir wollen oder nicht, wir müssen das sehen. Das Schicksal unserer Welt, die so klein geworden ist, hängt nicht davon ab, was diese oder jene Regierung, der eine oder der andere Politiker tut. Es hängt von den Millionen von Entscheidungen ab, die in Millionen von Herzen getroffen werden.

Nur in unserem Herzen kann die Entscheidung, den ersten Schritt zu tun, geboren werden. Wir verpflichten uns nicht gerne zu etwas, ohne zu wissen, was die Konsequenzen sind. Das ist verständlich und durchaus nicht notwendig. Wir haben über den Test gesprochen, den wir durchführen können, ohne eine endgültige Verpflichtung einzugehen. Das bedeutet kein Risiko. Das einzige, was notwendig ist, ist ein ehrlicher Versuch. Laßt uns für einen Augenblick annehmen, wir hätten uns entschieden, den ersten Schritt zu tun. Laßt uns akzeptieren, daß Glück nicht das Ergebnis erfüllter Wünsche, sondern der Wunschlosigkeit ist und daß es unser Ego ist, das durch die Wünsche, die es hegt, Schranken zwischen den Menschen errichtet. Laßt uns annehmen, daß wir mit dem Konzept der Urenergie übereinstimmen und daß wir versuchen, unser Leben mit der darin enthaltenen Ordnung in Einklang zu bringen.

Was dann? Nun, wenn unser Versuch ehrlich ist und wir uns nicht selbst etwas vormachen, werden wir zugeben müssen, daß sich der Ausblick geändert hat. Wir haben unsere blauen oder roten Brillengläser abgenommen und sehen plötzlich Dinge, die wir vorher nicht gesehen haben. Es mag eine Weile dauern, bis wir uns an das Licht gewöhnt haben. Was wir sehen, ist unsere innere Wirklichkeit. Was wir sehen, mag uns nicht gefallen und das ist sehr wahrscheinlich der Grund, warum wir es immer beiseite geschoben haben. Jetzt aber wollen wir uns damit beschäftigen, denn wir wissen, daß unser Glück ebenso wie das Wohlergehen unserer Familie, Gemeinde, Gesellschaft und der ganzen Welt davon abhängt.

Auf unseren ersten Schritten in dieser neuen Welt begegnen wir Dingen, die nicht so sind, wie sie sein sollten, die wir aber leicht in Ordnung bringen können. Es ist so, als ob wir unser Wohnzimmer betreten, ohne besonderen Wert auf die Ordnung zu legen, solange wir uns darin wohlfühlen. Wenn wir jedoch Besuch erwarten, sehen wir plötzlich die Unordnung und räumen auf. Wenn unser Versuch, dauerndes Glück und Zufriedenheit zu erlangen, ehrlich ist, werden wir die notwendigen Korrekturen schnell durchführen und das Durcheinander, das wir in uns finden mögen, in Ordnung bringen. Das wird uns die ersten Erfahrungen und ein Gefühl der Freiheit vermitteln, das wir vorher nie gekannt haben. Von diesem Augenblick an sind wir dem neuen Weg verfallen. Was wir auch in der Zukunft tun mögen, ob wir den Weg zu Ende gehen oder nicht, wir werden niemals das Gefühl der Freude und Erleichterung vergessen, das ein Sieg des Selbst über das Ego mit sich bringt.

Nach diesen ersten Erfahrungen, nach diesen Anfangserfolgen wird es immer schwerer, so zu sein, wie wir sein wollen, das Ziel, das wir uns selbst gesteckt haben, zu erreichen. Wir müssen feststellen, daß wir Charaktereigenschaften haben, die wir nicht einfach mit unserem Willen ändern können. Das ist enttäuschend, denn so sehr wir uns auch anstrengen, der alte Adam kommt immer wieder zum Vorschein. Es ist enttäuschend, aber wir müssen es verstehen. Alle unsere Gedanken und Handlungen sind in unserem Unterbewußtsein eingraviert. Unsere Reaktionen werden von diesem Unterbewußtsein diktiert, das wir selbst durch Handlungen und Gedanken geformt haben, die auf die materielle Welt und

Befriedigung der Sinne ausgerichtet waren. Jetzt haben wir ein anderes Ziel für unser Leben und dieses Programm muß geändert werden. Leider ist es nicht möglich, unser Unterbewußtsein einfach zu entleeren und von neuem zu beginnen. Wir müssen mit dem, was wir uns selbst in der Vergangenheit zugefügt haben, leben und das Programm Schritt für Schritt ändern. Wenn wir es ernst damit meinen, können wir manchmal so enttäuscht von uns selbst sein, daß wir versucht sind, unsere Anstrengungen aufzugeben. Aber wir müssen uns daran erinnern, was alle spirituellen Meister lehren: Es kommt nicht auf den Grad der Vollkommenheit an, den wir erreichen, sondern auf die Richtung, in die wir gehen. Es ist nicht unsere Aufgabe zu beurteilen, ob das Ergebnis unserer Anstrengungen befriedigend ist oder nicht. Solange wir das Beste tun, was in unseren Kräften steht, wird uns die Urordnung beschützen.

Hier erhebt sich sofort eine andere Frage: Wie können wir wissen, daß wir wirklich alles tun, was in unseren Kräften steht? Wir müssen danach streben, vollkommen zu sein. Das ist der Inhalt aller Lehren. Das alte Programm in unserem Unterbewußtsein hindert uns aber daran. Diese Diskrepanz wird bestehen, solange wir ein Ich-Bewußtsein haben. Wir werden oft enttäuscht sein. Aber diese Enttäuschung kann überwunden werden, denn sie resultiert daraus, daß wir uns mit dem Körper identifizieren. Wenn wir erkennen, daß unser wirkliches ‚Ich‘ weder der Körper noch der Geist, sondern die Urenergie selbst ist, dann kann es keine Enttäuschung und keine Zweifel geben. Nur weil wir nicht ständig in diesem Bewußtsein leben, stellen wir Fragen wie die obige. ‚Das Beste, was in unseren Kräften steht, zu tun‘ bezieht sich auf die Gegenwart. Die Vergangenheit ist vorüber, die Zukunft ist ungewiß. Nur die Gegenwart existiert. Jeder Augenblick ist eine Gelegenheit, unserem Ziel näher zu kommen. Es ist schlecht, sie zu versäumen. Aber laßt uns nicht den nächsten Augenblick vergeuden, indem wir darüber nachdenken, wie wir den letzten vergeudet haben.

6. Kapitel

Wenn wir einmal die Entscheidung getroffen haben, die Richtung unseres Lebens zu ändern, wird uns die Aufgabe, unser Unterbewußtsein neu zu programmieren, für den Rest unseres Lebens begleiten. Jeder Gedanke, den wir haben, jedes Wort, das wir aussprechen, jede Handlung, die wir vollziehen, hinterläßt eine Spur in unserem Unterbewußtsein. Das ist das Karma, von dem die Weisen sprechen. So wie das gegenwärtige Programm durch Gedanken, Worte und Taten der Vergangenheit eingraviert wurde, so muß es langsam aber sicher durch Gedanken, Worte und Taten, die mit der Urordnung übereinstimmen, geändert werden, bis auch unsere unbewußten Reaktionen mit dieser Urordnung übereinstimmen. Dann wird es das Natürliche für uns sein, ein Leben voller Liebe und Mitgefühl zu leben, in dem kein Raum für Zorn, Haß und Habgier ist. So wie der stete Tropfen den Stein höhlt, so muß unser Unterbewußtsein geändert werden. Dieses Umprogrammieren erfordert Ausdauer und Zähigkeit, die Belohnung aber ist Teil der Anstrengung selbst.

Um unsere Handlungen, Worte und Gedanken so zu gestalten, daß sie unser Unterbewußtsein in die von uns gewählte Richtung leiten, müssen wir neue Gewohnheiten entwickeln. Wir dürfen nicht mehr ziellos umherirren und uns von unseren Wünschen, der Eingebung des Augenblicks folgend, zu diesem und jenem verleiten lassen. Je nach unserer geistigen Veranlagung werden diese Disziplinen verschieden sein. Die Sucher, deren Erfahrungen in den ältesten Schriften der Welt, in den Veden, niedergelegt sind, haben vier derartige Disziplinen unterschieden. Sie nannten sie Jnana (Weisheit), Karma (Tun), Yoga (körperliche und geistige Übungen) und Bhakti (Hingabe an Gott).

Wenn wir diese Disziplinen näher betrachten, stellen wir fest, daß sie nicht eindeutig von einander getrennt werden können. Sie alle sind Bestandteil der Bemühung, ein Leben in Harmonie mit der Urordnung zu führen. Aber eine von ihnen mag das Leben eines Aspiranten so beherrschen, daß sie mehr als die anderen in Erscheinung tritt.

Wenn wir dem Jnana Pfad folgen, versuchen wir, uns ständig des wahren Wesens der Dinge, die wir sehen, bewußt zu sein. Es erfordert, daß unser Leben in jedem Augenblick das Ergebnis intuitiver Erkenntnis manifestiert, ohne von den Ereignissen der materiellen Welt beeinflußt zu werden. Es bedeutet, daß wir die Fähigkeit bewußten Denkens benutzen, das Bewußtsein zu transformieren, indem wir tiefer und tiefer in die Wirklichkeit, die jenseits unseres Denkvermögens liegt, vordringen, bis wir so fest in dieser Wirklichkeit verankert sind, daß jeder Einfluß der materiellen Welt ausgeschaltet ist. Es ist der Weg der Philosophen und Denker, der Weg von Sokrates und Einstein. Es ist ein steiniger Pfad und es sind nur wenige, denen es bestimmt ist, ihn zu gehen.

Der Karma-Pfad ist leichter verständlich. Es ist der Weg der guten Taten. Wenn all unser Handeln darauf gerichtet ist, anderen zu dienen, dann vertrocknet unser Ego und bereitet uns immer weniger Schwierigkeiten. Unser Unterbewußtsein wird durch unser Handeln verändert. Das Denken wird mehr von dem geprägt, was wir tun, als daß das Handeln eine Folge des Denkens ist.

Es gibt viele außergewöhnliche Menschen, die diesen Weg gegangen sind und dazu inspirieren, das gleiche zu tun. Albert Schweitzer und Mutter Theresa zeigen uns, was es heißt, ein Leben dem Dienst am Nächsten zu widmen. Wir können von diesen Leuchtfeuern selbstloser Liebe lernen, aber wenn wir uns fragen: Was kann ich tun?, dann wird sehr schnell die Antwort deutlich, daß wir nämlich einen Beruf haben müssen, um unsere Familie zu ernähren, und daß wir so viele Verpflichtungen haben, daß es unmöglich für uns ist, ein solches Leben zu führen. Wenn wir wirklich wollen, werden wir innerhalb der Grenzen unserer Möglichkeiten Gelegenheiten finden, zum Wohlergehen anderer beizutragen. Unser Beitrag mag nichts Großartiges sein, aber er ist ein Schritt auf dem Karma-Pfad und wird uns unserem Ziel näher bringen. Diesen Weg bis zur letzten Konsequenz zu gehen, ist nur wenigen bestimmt. Es ist eine Forderung der Urordnung, die Pflichten, die mit unserer Stellung in der Gesellschaft verbunden sind, zu erfüllen. Die Erfüllung dieser Pflichten ist auch ein Dienst am Nächsten.

Wenn wir ernsthaft versuchen, uns von der Diktatur des Egos zu befreien, werden wir feststellen, daß unser Körper und unser Geist Widerstände bieten, die überwunden werden müssen. Derjenige, der den Yoga-Pfad geht, versucht dies durch körperliche und geistige Übungen zu erreichen. Die westliche Welt ist im Begriff die wohltuende Wirkung einiger dieser Übungen zu entdecken. Meditation ist eine davon. Körperliche Yoga-Übungen, die als Hatha Yoga bekannt sind, gehören auch in diese Kategorie. Es gibt viele mehr, die sich von der Kontrolle des Atemvorgangs bis hin zur Askese erstrecken. Durch diese Übungen können bestimmte Fähigkeiten erworben werden, die nicht immer mit spirituellem Fortschritt verbunden sind und oft falsch verstanden werden. Yoga wird nicht nur im Osten praktiziert, wo der Yogi eine bekannte Erscheinung ist. Der Versuch durch Askese den Einfluß des Körpers einzuschränken und die Konzentrationsfähigkeit zu erhöhen, ist auch Bestandteil der christlichen Tradition.

Wir dürfen nicht vergessen, daß all diese Anstrengungen dazu dienen, den Einfluß des Ego mit seinen Wünschen zu reduzieren, so daß Liebe unser Herz erfüllen kann. Die drei Wege, die wir bisher erwähnt haben, führen ohne Zweifel zu diesem Ziel. Sie sind mehr oder weniger Bestandteil des Lebens eines jeden, der sich dieses Ziel gesetzt hat. Aber wegen des hohen Grades an Konzentration, den sie erfordern, sind sie im täglichen Leben eines Bürgers unserer Gesellschaft nicht leicht zu verwirklichen. Alle drei bringen uns in Konflikt mit unseren Verpflichtungen der Familie, Gemeinde und Gesellschaft gegenüber.

Den Bhakti-Pfad, den Weg hingebungsvoller Liebe, können wir jedoch gehen, ohne irgendwelche andere Pflichten zu vernachlässigen. Aber Hingabe an wen oder was? Bisher haben wir von ‚Urenergie‘ und ‚Urordnung‘ gesprochen. Das sind kaum geeignete Objekte für unsere Liebe. Wir haben gesehen, daß die Urenergie die Grundlage jeder Existenz ist. Es ist intelligente Energie, denn die Ordnung des ganzen Weltalls ist in ihr enthalten. Sie residiert in der nondualistischen Wirklichkeit, die jenseits unseres Verstandes liegt. Weil sie unserem Verstand nicht zugänglich ist, ist es für uns schwierig zu verstehen, daß es in diesem Bereich keine Gegensätze gibt. Dort gibt es keinen Unterschied zwischen Sein und Nicht-Sein. Wir mögen intuitiv einen Schimmer dieser Wirklichkeit erhaschen, aber es ist schwer, uns ihrer im täglichen Alltag bewußt zu bleiben. Wir müssen daher die unvorstellbar glückselige Ausgeglichenheit dieser Wirklichkeit in die Sprache des Dualismus übersetzen; eine Sprache, die Worte gebraucht, um Namen und Formen, d. h. Personen und Dinge, Geist und Materie auszudrücken. Die Art und Weise, wie wir diese Wirklichkeit ausdrücken, hat nichts mit der Wirklichkeit selbst zu tun, sondern hängt ausschließlich von unserer geistigen Veranlagung ab. Da wir das wissen, fragen wir uns: Was ist der angemessene Name für etwas, das wir nicht verstehen, das das Universum, Makrokosmos und Mikrokosmos regiert, das uns beschützt, wenn wir uns ihm anvertrauen, und das die Grundlage allen Seins ist? Welches Wort bringt die Unendlichkeit zum Ausdruck, die zwischen unserem Begrenzt-Sein und dem Grenzenlosen liegt und erfüllt uns mit Ehrfurcht, die uns Seine Ordnung achten läßt? Es ist das mystische Wort ‚Gott‘, das mit dem Menschen bei seinem Eintritt in dieses unverständlich zauberhafte Drama der Schöpfung geboren wurde. Es drückt aus, was nicht ausgedrückt werden kann. Es bezeichnet eine Wesenheit, die als solche nicht existiert, aber dennoch die Grundlage allen Seins ist. Wir finden das Wissen um diese Diskrepanz in jeder Religion. In der jüdischen Tradition z.B. ist der Name Gottes eine Folge von Buchstaben, die phonetisch nicht ausgedrückt werden kann. In einer jüdischen Zeitung, die in englischer Sprache erscheint, finden wir ‚G-D‘ und ‚L-D‘ anstelle von ‚God‘ und ‚Lord‘. Aber wir als Menschen verlangen nach einer Ich-Du Beziehung. So wie der Regentropfen ein Staubteilchen und die Perle ein Sandkorn braucht, um sich zu formen, so braucht der menschliche Geist ein Objekt, das er mit Liebe und Hingabe umhüllen kann. Nietzsche hatte recht, wenn er sagte: „Wenn es Gott nicht gäbe, dann müßte der Mensch ihn erfinden." Die Russen hatten auch recht, wenn sie der Welt verkündeten: „Wir haben keinen Gott im Weltraum gefunden." Wenn wir Ihn nicht in uns finden, dann finden wir Ihn auch nicht im Weltall. Andernfalls aber finden wir Ihn überall. Unser eigenes Sein ist der Beweis Seiner Existenz. Viele Menschen glauben, die Lehren der Religion seien unvereinbar mit ihrem logischen Verstand, aber sie sehen nicht, daß ihr Verstand durch die Bindung an die materielle Welt mit Blindheit geschlagen ist. Es spielt keine Rolle, in welcher Form wir Gott verehren. Es ist unbedeutend, ob wir Ihn uns als die Grundlage des Universums, als die Unendlichkeit des Weltalls vorstellen oder Ihn in einem Symbol, in einer Statue sehen. Da Gott allgegenwärtig, da Er alles ist, wird unser Herz Ihn im Objekt unserer Hingabe finden. Sind wir der Sonne näher am Strand des Meeres oder auf dem Gipfel eines Berges? Der Abstand zwischen unserer dualistischen Vorstellung und Gottes non-dualistischer Wirklichkeit ist so unvorstellbar groß, daß die Unterschiede, die wir machen und die uns so wichtig erscheinen, im Lichte unserer Beziehung zu Gott gesehen, vernachläßigbar gering sind. Es ist nicht der Gegenstand unserer Verehrung, den wir in Frage stellen, sondern die Intensität unserer Hingabe, die wir einer ständigen Prüfung unterziehen müssen.

Um das zu verstehen, müssen wir uns klar machen, was Hingabe, was Frömmigkeit ist und welche Folgen daraus erwachsen.

Ein Bestandteil der Frömmigkeit ist Liebe. In unserer Definition der Liebe haben wir gefunden, daß vollkommene selbstlose Liebe das Bewußtsein ist, Eins zu sein. Diese Liebe braucht kein Objekt mehr, denn sie ist bereits das Ergebnis der Selbstverwirklichung, d. h. das Ergebnis des Erkennens der non-dualistischen Wirklichkeit. Das ist die Endstufe. Das ist, was wir erreichen wollen. Aber wir sind noch nicht soweit. Wir sind noch Gefangene der Illusion, daß die objektive Welt, so wie wir sie sehen, wirklich ist. Wir haben gesehen, daß Liebe unser Herz erfüllen kann, wenn das Ego mit seinen Gefährten Habgier, Zorn und Lust daraus vertrieben werden. Die Umkehrung ist aber auch gültig. Wenn wir unser Herz mit Liebe füllen, dann ist kein Raum darin für das Ego. Aber wen können wir lieben, ohne daß unser Ego, das ja noch da ist, mit einem anderen Ego in Konflikt gerät? Mann und Frau mögen sich wirklich lieben, aber welche Ehe ist frei von jenen Streitigkeiten, die aus einem Mißverständnis zweier Egos bestehen? Viele Menschen haben ein Tier als ihren besten Freund. Ihr Ego wird nicht herausgefordert und deshalb nehmen sie es nicht wahr. Frömmigkeit und Hingabe sind etwas anderes. Sie sind – ohne daß wir uns dessen bewußt sind – die Projektionen der jenseits des Verstandes liegenden Wirklichkeit in das Zentrum unserer Liebe. Unser Ego beherrscht uns. Verstandesmäßig sind wir uns nicht klar darüber, daß dieses Ego uns Fesseln anlegt und dadurch schadet. Aber tief in uns ruht das Sehnen nach Freiheit. Intuitiv wissen wir, daß wir der Erlösung und letzten Freiheit nur dann teilhaftig werden, wenn wir uns vollkommen der grenzenlosen Macht hingeben, die das Gesetz allen Seins ist. Diese Freiheit, Macht und Gesetzmäßigkeit projizieren wir in das Objekt unserer Liebe. Dabei spielt es keine Rolle, welche Form dieses Objekt annimmt.

Hingabe ist eine Ich-Du Beziehung. Als solche ist sie unvereinbar mit dem Schimmer der non-dualistischen Wirklichkeit, den wir gesehen haben. Sie scheint dem tieferen Wissen zu widersprechen. Wenn Gott allgegenwärtig ist, wie können wir das Wort ‚Er' gebrauchen, das eine Person bezeichnet. Die Lösung besteht darin, daß wir uns selbst als das sehen, was wir sind, nämlich die Urenergie und die darin enthaltene Urordnung. Wir sind frei, allgegenwärtig, eins miteinander. Wir sind Atma, wie es die Veden nennen; Atma, das eins ist mit Paramatma, der unveränderlichen, non-dualistischen Grundlage des Seins, mit der Urenergie. Wir sind aber auch Körper, Geist und Unterbewußtsein. Der Körper ist eine temporäre Behausung, die uns die Gelegenheit zur menschlichen Existenz gibt. Das Unterbewußtsein ist das Programm, von dem wir vorher gesprochen haben. Es ist die Aufzeichnung unserer Gedanken, Worte und Taten. Der Geist hat zwei Gesichter. Eines ist auf die äußere Welt gerichtet. Es besteht aus unseren Wünschen und Verlangen und stellt das Ego dar. Es ist der wankelmütige Geist, den zu beherrschen wir lernen müssen. Das andere Gesicht ist nach innen gerichtet. Es ist das Werkzeug, mit dem wir uns befreien und Gott in uns erreichen können. Unsere höhere Intelligenz weiß um die Wahrheit, aber der wankelmütige Geist dominiert unser Leben. Wenn wir das ändern und unser Unterbewußtsein umprogrammieren wollen, dann muß unsere höhere Intelligenz das Ego wie ein Kind behandeln. Die Eltern wissen, was das Beste für das Kind ist, aber das Kind folgt nicht immer den Wünschen der Eltern. Ebenso veranlassen die von dem alten Programm ausgehenden Impulse den Geist, dem besseren Wissen der höheren Intelligenz entgegen zu handeln. Wenn wir der Versuchung nachgaben, sagen wir später: „Hätte ich doch nur...". Die Eltern müssen streng sein, aber sie lassen das Kind spielen, denn das Spielen liegt in der Natur des Kindes. Gute Eltern beeinflussen das Kind so, daß es beim Spielen lernt.

Es ist die Natur des Geistes, an etwas gebunden zu sein. Es ist die Aufgabe der höheren Intelligenz, langsam aber sicher die bestehenden Bindungen zu lösen und die alten Wünsche und Illusionen durch neue zu ersetzen. Das ist Aufgabe der Frömmigkeit und Hingabe. Die höhere Intelligenz weiß, daß Gott allgegenwärtig ist, daß Er ‚G-d', non-dualistisch und formlos ist. Sie weiß aber auch, daß der wankelmütige Geist beschäftigt sein will, daß er etwas braucht, das seinem Wesen entspricht. Alles, was die höhere Intelligenz über die letzte Wahrheit weiß, all das, was intellektuell nicht erfaßt und nicht in Worte gepreßt werden kann, projiziert sie deshalb in das Allerheiligste, dem man sich hingeben kann. Die höhere

Intelligenz weiß, daß dieses Objekt der Hingabe ebenso wirklich ist, wie die materielle Welt, denn es hat die Urenergie als Grundlage. Die Intelligenz weiß aber auch, daß das Objekt, ebenso wie die materielle Welt, eine Illusion ist, denn es wird nicht als das erkannt, was es wirklich ist. Im Interesse des Kindes ermahnt sie: „Nimm das für jetzt als wirklich an. Es wird dir helfen. Wenn du älter bist, werde ich dir mehr darüber sagen". Und der Geist ist zufrieden. Er muß nicht seiner Veranlagung zuwider handeln. Er darf Wünsche haben. Aber jetzt ist sein einziger Wunsch, dem zu gehorchen, der im Mittelpunkt seiner Verehrung steht. Er darf von etwas abhängig sein, aber jetzt ist er ausschließlich von dem abhängig, dem seine ganze Liebe und Hingabe gilt und der für ihn, die Grundlage allen Seins darstellt. Das hilft dem Geist, den Impulsen, die aus dem alten Programm des Unterbewußtseins kommen, nicht zu folgen. Er bittet um diese Hilfe und das Bitten selbst ist die Hilfe.

Zu Beginn ihrer geistigen Entwicklung sind die Menschen unwissend und unschuldig. Sie sind bescheiden, denn sie sehen sich Gewalten gegenüber, denen sie keinen Widerstand bieten und die sie nicht erklären können. Dann lernen sie etwas und ihr Wissen steigt ihnen zu Kopfe. Sie glauben, alles erklären zu können und werden hochmütig. Nur die, die tief genug schürfen, erkennen, daß sie nichts wissen. Die Menschheit als Ganzes durchläuft den gleichen Prozeß. Trunken von dem berauschenden Fortschritt der Wissenschaft in den letzten Jahrhunderten haben die Menschen eine ausschließlich materielle Haltung angenommen und sind überzeugt, daß die Wissenschaft irgendwann in der Zukunft alles erklären wird. Nur die Schrittmacher dieses Fortschritts, wie Weizsäcker und Einstein, dringen zu den Grenzen des Intellekts vor. Führende Atomphysiker geben zu: „Jedesmal, wenn wir eine Tür öffnen, finden wir dahinter zehn verschlossene Türen." Es wird lange dauern, bis die Öffentlichkeit begreift, daß wissenschaftlich bewiesen wurde, daß die Wissenschaft das Universum nicht erklären kann.

Es ist das gleiche auf spiritueller Ebene. Wenn die höhere Intelligenz begreift, daß der Verstand nicht erklären kann, was jenseits seiner Grenzen liegt, dann liefert diese Intelligenz dem Geist einen Gegenstand der Verehrung. Sie wird nicht länger spotten und dem Geist vorwerfen: „Was du tust ist kindisch! Siehst du nicht, daß das, was du glaubst, nicht wahr sein kann?" Im Gegenteil, sie wird die Frömmigkeit unterstützen und sagen: „Deine Verehrung und Hingabe bringen dich der Wahrheit näher als irgendeine intellektuelle Anstrengung. Schürfe tiefer und immer tiefer und du wirst Ihn finden, denn Er ist in dir."

7. Kapitel

Zuvor, als wir in unserer Untersuchung gesehen hatten, daß wir nichts verstehen können und daß alles relativ ist, waren wir enttäuscht und ernüchtert. Alle unsere Werte schienen entwertet zu sein. Jetzt ist ihre Gültigkeit wiederhergestellt. Sie erstrahlen in neuem Glanze, sogar heller als zuvor. Der Zweifel, der hin und wieder aufstieg, ist verschwunden. Gott, den wir in unserem Geist anbeten, ist ebenso wirklich wie die materielle Welt, die wir wahrnehmen. Die äußere Welt ist eine Manifestation des Absoluten in Geist-Materie. Gott ist daher in unserem Leben ebenso wirklich wie die materielle Welt, in der wir leben.

Der Unterschied besteht darin, daß wir die materielle Welt mit anderen teilen. In unserer geistigen Welt sind wir allein. Wenn wir von unseren inneren Erfahrungen sprechen, dann ist es das gleiche, als ob wir versuchen, jemandem per Telefon das Bild zu beschreiben, das in unserem Wohnzimmer hängt. Wir können das tun und der andere mag sagen: „Ich besitze das gleiche Bild". Wir wären jedoch sehr erstaunt, wie verschieden die beiden Bilder sind, würden wir sie nebeneinander sehen.

Ein Mann ruft einen Kunsthändler an und behauptet: „Ich habe einen echten Rembrandt in meinem Besitz" und beschreibt das Bild. Würde der Kunsthändler aufgrund der Beschreibung bestätigen, daß es sich um ein Original handelt? Jeder weiß, daß das nicht möglich ist. In unseren geistigen Beziehungen verhalten wir uns aber immer so, als ob es möglich wäre. Worte sind die Telefongespräche, in denen wir beschreiben, was in unserem Innern vor sich geht. Wir sind sehr schnell dabei zu sagen: „Was du glaubst ist falsch. Ich habe das echte Gemälde!" Wir sind in verschiedenen Ländern, die wir einander zu beschreiben versuchen, wenn wir über unsere Vorstellung von Gott und dem Absoluten sprechen. Wir haben nicht nur Schwierigkeiten, die richtigen Worte zu finden, sondern dazu kommt, daß unsere Sicht durch den Nebel der Unwissenheit behindert ist. Diese Wolken der Unwissenheit zu vertreiben, ist Teil unserer Anstrengung. Je klarer wir die Landschaft in unserem Innern sehen, desto toleranter werden wir der Meinung anderer gegenüber. In dem Maße, in dem wir erkennen, daß wir im tiefsten Grunde alle eins sind, in dem gleichen Maße umfaßt die Liebe, die wir dem entgegenbringen, dem wir uns ganz hingeben, alle Wesen: Menschen, Tiere und Pflanzen.

Nachdem wir nun das heiligste Objekt für unsere Frömmigkeit, den Einen, der dem Absoluten am nächsten ist, den Höchsten, den zu denken wir in der Lage sind, gefunden haben, können wir uns fragen: Was sind Frömmigkeit und Hingabe und auf welche Weise helfen sie uns weiter?

Frage jemanden, der liebt, was Liebe ist! Obwohl sein Herz davon erfüllt ist, mag er nicht in der Lage sein, die Liebe zu beschreiben. So sind auch Frömmigkeit und Hingabe Ausdruck einer inneren Erfahrung, die schwer zu beschreiben ist, wenn wir sie nicht selbst gemacht haben. Sie entspringt dem Bewußtsein, daß Er, mit dem wir eins sind, alles ist, was wir im Leben brauchen. Er ist allgegenwärtig; Er ist immer mit uns, bei uns, in uns. Er ist die Luft, die wir atmen, die Nahrung, die wir zu uns nehmen. Das ist keine leere Phrase mehr, denn wir wissen, daß Er als die Urenergie die Substanz aller Dinge ist. Wir wollen unser Ego auflösen und bitten um Seine Hilfe. Wenn wir all unsere Gedanken, Worte und Taten von Seinem Willen bestimmen lassen, werden Kräfte frei, die wir vorher nicht gekannt haben. Das einzige Ziel in unserem

Leben ist es, in Seinen Augen Gefallen zu finden. Verglichen mit diesem Ziel ist alles andere unwichtig und sinnlos.

Gedanken sind die Wurzeln von Worten und Taten. Frömmigkeit ist die Konzentration der Gedanken auf Ihn, den Einen, und Worte und Taten folgen ihnen. Wir wachen auf und unser erster Gedanke gilt Ihm, wir gehen zu Bett und lassen uns in Ihn fallen. Unsere Arbeit wird Gottesdienst. Wir arbeiten nicht mehr, um einen Lohn zu erhalten. Stattdessen weihen wir unsere Arbeit Ihm und tun sie als Pflicht und als Dienst. Welch eine Erleichterung! Wir brauchen uns um das Ergebnis keine Sorgen mehr zu machen. Wir tun das Beste, das in unseren Kräften steht, und überlassen Ihm den Rest. Wir wissen, wir fühlen und erfahren, daß wir von der Urordnung, in der wir leben, beschützt werden.

Müssen wir noch fragen : Was nützen uns Frömmigkeit und Hingabe? Sie sind Belohnung in sich selbst. „Das Himmelreich ist in euch." Wie wahr das ist. Wenn wir uns Ihm ganz anvertrauen, erfahren wir Glückseligkeit, die vollkommene Ausgeglichenheit in uns. Unberührt von Lob oder Kritik sind wir uns in jedem Augenblick Seiner Gegenwart in uns bewußt. All unser Verlangen ist auf Ihn gerichtet und es wird durch dieses Bewußtsein gestillt. Das Ego, dieses Konglomerat weltlicher Verlangen und Bindungen, schmilzt in der Sonne seiner Liebe, die ein Widerhall unserer Liebe zu Ihm ist. Und so wie das Ego verschwindet, so verschwindet auch die Qual, die unerfüllten Wünschen entspringt, und das Leiden, das wir fühlen, wenn wir von dem getrennt werden, an dem unser Herz hängt. Selbst das stärkste, das am tiefsten verwurzelte Verlangen, das Verlangen zu leben, das Verlangen ‚Ich‘ zu sein, löst sich auf. Keiner von uns ist der, der er zu sein glaubt. Wir sind Manifestationen des Einen. Wenn wir wissen, daß die Welt nicht ist, was wir mit unseren Sinnen wahrnehmen, und wenn wir unserer inneren Wirklichkeit gewahr werden, dann erkennen wir, daß unser Körper ein Fahrzeug ist für die Reise von uns zu Ihm.

Wenn das Ufer erreicht ist, bleibt das Boot zurück. Man braucht es nicht mehr. Wenn wir Ihn als unser innerstes Sein erkennen, wird der Tod zu einem Fest. Es ist kein Ende, sondern ein Anfang, das Erwachen von einem Traum. Die Menschen fragen: „Gibt es ein Leben nach dem Tode?" Was für eine Frage! Leben ist Energie. Energie geht niemals verloren. Sie nimmt eine andere Form an, aber bleibt immer Energie. Diese Energie ist das Eine, das wir Gott nennen und mit dem wir selbst unserem Wesen nach eins sind. Wenn der Tod kommt, gehen wir einen Schritt weiter vom Begrenzten zum Unbegrenzten.

Es gibt viele Vorstellungen vom Leben nach dem Tode. Menschen, die klinisch tot waren, sind zurückgekommen und haben ihre Erfahrungen berichtet. Sie entsprachen dem, was sie erwartet hatten. Die meisten Vorstellungen des ‚Jenseits' sind verschönte Abbilder dieser materiellen Welt. Das kommt daher, daß unser logischer Verstand, der die Vorstellungen in Worte faßt, nur in den Kategorien dieser Welt, in Namen und Formen, denken kann. Deshalb mußten auch die Botschafter Gottes vom Leben nach dem Tode in einer Sprache sprechen, die die Menschen verstehen konnten. Ihre Lehren wiederum wurden von ihren Zeitgenossen, entsprechend deren Fähigkeit zu verstehen, interpretiert. Darum finden wir Unterschiede in den verschiedenen Religionen. Was die Meister lehrten war das Gleiche, und wenn wir tief genug schürfen, finden wir das Gemeinsame. Wiedergeburt war z. B. Bestandteil des frühen christlichen Glaubens und wurde erst im 6. Jahrhundert vom Dogma eliminiert. Heute gibt es viele Beweise, die für die Wiedergeburt sprechen, und wir sollten verstehen, daß sie nicht mit den Lehren Jesu im Widerspruch steht, sondern nur eine andere Interpretation Seiner Worte ist.

Er, der durch Jesus zu uns gesprochen hat, Er, den Jesus ‚Vater‘ nennt, ist der Eine und Einzige. Er, als reine Manifestation der Urenergie und Urordnung, lebte vor Tausenden von Jahren auf dieser Erde als Rama und Krishna und lehrte dieselbe ewige Wahrheit. Er lehrte in der Sprache der Menschen jener Zeit und die Ihn hörten, gaben Seine Lehren gemäß ihrem eigenen Verständnis weiter. Diejenigen, die den Herrn erkennen, während Er auf dieser Erde weilt, sind gesegnet, denn ihr Wissen basiert nicht auf der durch Worte vermittelten Überlieferung, sondern auf der Liebe, die Er ausstrahlt. Die Unterschiede verschiedener religiöser Überzeugungen verschwinden so wie Schatten in einer Fülle des Lichts verschwinden. Aber die Nachfolger des Herrn können diese Erfahrung ihrem Nächsten nicht mit Worten weitergeben, denn ihre Worte sind von ihrem Ego geformt und gefärbt. Nur die, die Seine Liebe unmittelbar erfahren, werden wissend, denn sie hören nicht nur Worte, sondern empfangen auch die Schwingungen, von denen sie getragen werden.

Für viele Menschen ist es schwierig zu glauben, daß Gott als Inkarnation Form annehmen und als Mensch geboren werden kann. In allen monotheistischen Religionen ist die Urenergie, das Absolute, in eine reine Geist-Form transformiert worden, die wir als ‚Gott‘ ansprechen können. Obwohl wir ‚Ihn‘ gedanklich als Wesen konzipieren, was uns eine Ich-Du Beziehung erlaubt, kann Er nicht mit den Sinnen wahrgenommen werden. Er ist eine abstrakte Wirklichkeit. Zu Beginn seiner geistigen Entwicklung, wenn sein Denken vollkommen von der materiellen Welt beherrscht wird, akzeptiert der Mensch oft eine Geist-Form nicht als Wirklichkeit. Er glaubt nur, was er sehen und fühlen kann. Die Menschheit lebt auf einer Seite einer großen Mauer. Auf der anderen Seite liegt der Garten Eden. Wie können wir wissen, was jenseits der Mauer zu finden ist? Der Besitzer des dahinter liegenden Anwesens lädt uns ein, zu ihm zu kommen. Er sendet Botschafter und er kommt selbst. Ist das so unverständlich? Warum sollte die Macht, die das Universum erschaffen hat, nicht die Macht haben, sich in menschlicher Form zu manifestieren? Was bedeutet: Gott ist als Mensch gekommen? Die reine Urenergie hat Form angenommen. Wir sind auch Manifestationen dieser Energie, aber während wir durch Ego und Bindungen begrenzt sind, ist diese Form vollkommen frei davon. Ohne die geringste Spur weltlichen Verlangens, ist sie von reiner Liebe erfüllt. Deshalb besitzt ein solcher ‚Mensch‘ unbegrenztes Wissen und die ganze Macht des Absoluten.

Jesus kam als Botschafter. In der Wüste widerstand er der Versuchung. Er überwand alle Hindernisse, die ihn von seiner inneren Wirklichkeit trennten, so daß er sagen konnte: „Ich bin Ihm so nahe, ich bin Gottes Sohn." Später wurde er eins mit dem Einen. Deshalb besaß er das Wissen und die Macht des Absoluten. Er konnte sagen: „Ich und der Vater sind eins."

Im Verlaufe der Menschheitsgeschichte haben diese Botschafter und Manifestationen Gottes einen gewaltigen Einfluß ausgeübt. Sie haben die Geschichte von Jahrtausenden bestimmt. Für Menschen, die keine Beziehung zu der abstrakten Geistform Gottes haben, ist es oft leichter, ein enges Verhältnis zu einer Seiner Manifestationen, zu einem der Botschafter oder zu einem Avatar herzustellen. Das ist der Grund für ihr Kommen.

Wir finden, daß in den meisten Religionen einer dieser

Botschafter oder Avatare, dieser reinen Manifestationen des Absoluten in menschlicher Form, verehrt wird. Während ihrer Lebzeiten erlauben sie ihren Nachfolgern diese Verehrung und ermutigen diese sogar dazu, denn sie wissen, was der menschliche Geist braucht. Die Liebe, die der Jünger für seinen Meister empfindet, ist göttlich. Sie trägt dazu bei, das Ego aufzulösen. Die Disziplin, der er sich unterwirft, indem er den Anweisungen seines Meisters folgt, führt ihn zu seiner eigenen, inneren Wirklichkeit. Die hingebungsvolle Liebe, die ein Hindu fühlt, der sich vor einer Statue Krishnas niederwirft, ist, wenn die Liebe rein ist, die gleiche Hingabe an das Höchste, die der Katholik fühlt, wenn er das Knie vor dem Kruzifix beugt. Die Riten, durch die wir unsere Hingabe zum Ausdruck bringen, sind weder richtig noch falsch. Es ist die Reinheit, die Intensität unserer Liebe, auf die es ankommt. Gott ist Liebe. Diese Liebe erfüllt unser Herz und unser Leben. Wenn unser ganzes Leben zum Gottesdienst wird, wenn wir uns jeden Augenblick Seiner Gegenwart bewußt sind, dann spielt es keine Rolle, welche Form wir verehren. Er ist in jeder Form. Er trägt alle Namen. Ob wir reich oder arm, gesund oder krank sind, Seine Liebe löst unser Ego auf und befreit uns von unseren Bindungen. Unsere Liebe zu Ihm, gleichgültig welcher Form sie gilt, findet ein tausendfaches Echo. Das ist Seine Gnade.

Wir dürfen jedoch unsere Verehrung nur auf eine Form Gottes konzentrieren, nur einer bestimmten Lehre folgen. Das bedeutet nicht, zu sagen: „Ich habe recht, du hast unrecht." In der Vergangenheit konnten wir uns eine solche Haltung leisten und sie war vielleicht sogar notwendig, um die zarte Pflanze des wachsenden Glaubens zu schützen. Aber die Welt wird immer kleiner und die Menschheit ist von totaler Vernichtung bedroht. Wir müssen Verantwortung übernehmen und der Wirklichkeit unserer Existenz ins Auge schauen. Unser Schicksal ist entweder Vernichtung oder Änderung. Es wird Änderung sein. Seine Liebe wird uns verwandeln.

8. Kapitel

Die Revolution, die die Menschheit aus der gegenwärtigen Krise herausführen wird, muß im Herzen eines jeden von uns beginnen. Das Leben und Denken des einzelnen muß sich ändern. Wenn der einzelne Zorn, Haß und Habsucht aufgibt und ein neues Glück in Liebe, Hingabe und Zufriedenheit findet, übt sein Leben einen heilenden Einfluß auf die Gesellschaft aus. Die öffentliche Meinung der Gesellschaft reflektiert nur das Denken der einzelnen. Gedanken sind die Wurzeln des Handelns. Wenn die Wurzeln einer Pflanze von Schädlingen zerfressen werden, geht die Pflanze ein. Schmutzige Gedanken haben unrechtes Handeln zur Folge. Das Denken unserer Gesellschaft korrespondiert nicht mit dem Gesetz der Urenergie, mit dem Gesetz Gottes, und das Ergebnis ist eine kranke Gesellschaft. Gedanken sind wirkungsvolle Waffen. Sie führen zur Verwirklichung des Gedachten. Wir sind uns der Tatsache nicht bewußt, daß unsere Gedanken nicht auf uns beschränkt bleiben. Sie strahlen aus und sind ebenso wirkungsvoll wie Worte und Taten. Der Sexualverbrecher wird von der Gesellschaft verurteilt. Aber wie viele ehrenwerte Mitglieder der Gesellschaft lassen wilden sexuellen Phantasien freien Lauf? Sie können nicht zur Verantwortung gezogen werden, aber sie schaden der Gesellschaft ebenso wie der Verbrecher. Es werden viele Möglichkeiten diskutiert, Verbrechen zu bekämpfen: Strengere Schußwaffenkontrolle, Todesstrafe, Gefängnisreform usw. Aber niemand sagt uns, und deshalb wissen wir nicht, daß Verbrechen ein Krebsgeschwür am kranken Körper der Gesellschaft ist.

Die Krankheit ist das falsche Denken der Menschen. Jeder ist auf Reinlichkeit des Körpers bedacht, um Infektionen zu vermeiden. Aber die geistige Hygiene fehlt. Nichtachtung der Urordnung wird als das Normale angesehen.

Es ist dasselbe mit unseren wirtschaftlichen Problemen, die zu lösen niemand in der Lage zu sein scheint. Diebstahl ist ein Verbrechen. Sehen wir aber, daß unsere Gier, unser Verlangen, mehr zu haben, als wir brauchen, der Gesellschaft ebenso schadet wie der eigentliche Akt des Stehlens? Neidisch zu sein, weil unser Nachbar etwas hat, was wir auch gerne hätten, ist gedanklicher Diebstahl. Habgier und Neid gehen Hand in Hand und stören das wirtschaftliche Gleichgewicht. Sie schaden der Gesellschaft und dem einzelnen. Die Gesellschaft leidet unter der Dissonanz, die diese Gefühle zum Klingen bringen und der einzelne verliert Glück und Zufriedenheit und erleidet selbst verursachten Schmerz. Inflation, Haushaltsdefizit und hohe Zinssätze sind Symptome. Es ist unmöglich, sie zu beseitigen, solange die Krankheit nicht geheilt ist. Zu viele Menschen wollen mehr haben als sie bereit sind beizusteuern. Die Nachfrage übersteigt die Produktivität. Wenn nicht der Haltung der einzelnen, die in ihrem Durchschnitt die Einstellung der Gesellschaft bildet, eine neue Richtung gegeben wird, werden wir nicht in der Lage sein, diese wirtschaftlichen Probleme zu lösen. Und dieser ‚Durchschnitt‘ wird nicht nur von Worten und Taten, sondern in gleichem Maße von Gedanken bestimmt.

Wir halten die Gedanken für die ganz persönliche Angelegenheit des einzelnen. Diese private Sphäre müssen wir natürlich respektieren, aber der einzelne muß wissen, daß seine Gedanken zu diesem Durchschnitt beitragen und daß er verantwortlich dafür ist. Die Bibel lehrt uns: „Geben ist seliger als nehmen.“ Für viele bedeutet das, daß wir durch unser Geben in den Augen des Herrn Gefallen finden und uns dadurch einen Platz im Himmel verdienen. Diese Anschauung ist vollkommen richtig. Aber auch denen, die nicht an den ‚Herrn' und an den ‚Himmel' glauben, hat das Bibelwort etwas zu sagen. Gesegnet zu sein, bedeutet, sich in einem Zustand der Glückseligkeit zu befinden, d.h. glücklich und zufrieden zu sein. „Das Himmelreich ist in euch." Wenn wir eines unserer Verlangen überwunden haben, haben wir einen Sieg über das Ego errungen und das erfüllt uns mit Genugtuung. Das selbst ist die Belohnung.

Aber das ist nicht alles. So wie alle heiligen Schriften zeigt auch die Bibel nicht nur den Weg zur Erlösung des einzelnen, sondern ist gleichzeitig ein Lehrbuch der Urordnung. Um die Gesellschaft gesund zu erhalten, müssen ihre Mitglieder innerhalb dieser Ordnung leben. Es gibt viele, die sich selbst für Atheisten halten mögen, die aber vollkommem in dieser Urordnung leben. Sie wissen instinktiv, was falsch und was richtig ist. Ob wir daher einer Kirche angehören oder nicht, wir sind verantwortlich für unsere Gedanken, Worte und Taten als Mitglieder der Gesellschaft. Unser Denken, das Denken des einzelnen, ist ein Bestandteil des Durchschnitts, von dem wir gesprochen haben. Die Urordnung, die wir in den heiligen Schriften finden, kann in der Gesellschaft nicht durch Gesetze erzwungen werden. Die Gedanken sind frei und es kann ihnen von außen her kein Zwang angelegt werden. Und doch beeinflußen sie das Leben der Gesellschaft.

Was können wir tun? Wir müssen die Menschen darüber aufklären, wie sie durch Liebe und Überwindung des Egos glücklich werden können. Wenn die Unwissenheit über die Zusammenhänge zwischen der inneren Wirklichkeit des einzelnen und dem Wohlbefinden der Gesellschaft entfernt wird, wenn die Menschen erkennen, welche Wirkung ihre Gedanken für sie selbst und für die Umwelt haben, dann haben wir eine Überlebenschance. Wenn wir dagegen den gegenwärtigen Tendenzen weiterhin folgen, dann treiben wir einer Katastrophe zu, die früher oder später unvermeidlich kommen muß. Wir haben die Wahl, die Dinge laufen zu lassen und zu warten bis wir selbst oder unsere Kinder in der Hölle eines Atomkrieges untergehen, oder wir können – eine gemeinsame Anstrengung unternehmen, der Entwicklung eine andere Richtung zu geben.

Kein Mensch kann bei diesem Unterfangen die Führung übernehmen. Es bedarf übermenschlicher Kräfte. Aber wir haben diese übermenschlichen Kräfte. Sie ruhen in uns selbst. Wir haben den Führer, der uns den Weg zeigen kann. Wir müssen nur Seinen Weisungen folgen. Dazu ist es notwendig, daß wir unsere Wünsche und Verlangen, die so laut sind, daß wir Seine Stimme nicht hören, zum Schweigen bringen.

In den vorangegangenen Ausführungen haben wir gesehen, wie der einzelne durch Liebe und Hingabe Glück und Zufriedenheit finden kann. Wenn alle diejenigen, die diesen Weg gefunden haben, die Schranken, die sie voneinander trennen, abbrechen, dann bilden sie eine gewaltige Kraft in der Gesellschaft. Diese Kräfte brauchen nicht organisiert oder politisch sichtbar vertreten zu sein. Sie werden auf sehr subtile Weise wirksam werden. Die Stimmen dieser Menschen werden hier und da gehört werden. Ihr Denken wird ausstrahlen und das Denken anderer beeinflussen. Jedes Verlangen, das im Herzen eines Menschen überwunden wird, stellt im Denken der Gesellschaft das Gleichgewicht her für das Verlangen, das im Herzen eines anderen geboren sein mag.

Die Unwissenheit unserer Gesellschaft, diese spirituellen Zusammenhänge betreffend, ist unvorstellbar. Von der materiellen Welt fasziniert und ausschließlich auf diese ausgerichtet, sehen die Menschen die spirituelle Wirklichkeit nicht, die in ihnen selbst liegt. Diese Haltung kommt natürlich in unserem Erziehungssystem zum Ausdruck. Die Jugend lernt, wie sie ihren Lebensunterhalt verdienen, aber nicht, wie sie ein glückliches Leben führen kann. Hier muß die Wiedergeburt der Gesellschaft beginnen. Wir brauchen eine Aufwertung menschlicher Werte. Das primäre Ziel einer Ausbildung darf nicht der Erwerb von Bücherweisheit, sondern muß die Bildung des Charakters sein. Das erfordert eine radikale Änderung unserer Wertmaßstäbe, die nur durch eine Änderung des Erziehungssystems herbeigeführt werden kann. Diese Änderung ist jedoch nur möglich, wenn sich die geistige Atmosphäre der Gesellschaft ändert.

Die Bibel lehrt, daß die Jugend das Alter respektieren muß. Sie lehrt auch, daß die Älteren Vorbilder für die Jugend sein sollen. Das eine ist nicht möglich ohne das andere. Kinder werden nicht durch Worte, sondern durch Vorbild, durch das Leben der Lehrer erzogen. Sie haben ein sehr feines Gefühl für die Diskrepanz zwischen dem, was ihnen gepredigt wird und dem, was um sie herum vor sich geht. Es gibt zu viele Dinge, an denen die Eltern ganz offensichtlich Gefallen finden, und von dem die Kinder ausgeschlossen sind. Diese fühlen die Scheinheiligkeit der Erwachsenen und reagieren entsprechend. Was Kindern nicht zuträglich ist, ist auch nicht gut für die Erwachsenen. Das gilt auch für Zigaretten, Alkohol und Pornographie.

Dem Fernsehen wird heute vorgeworfen, es bringe schlechte Einflüsse ins Heim der Familie. Aber das Fernsehen bringt nur, was die Menschen sehen wollen. Vielleicht nicht der einzelne. Aber die Programme sind ein recht gutes Spiegelbild der gesellschaftlichen Norm. Und diese Norm ist jämmerlich. Sie widerspricht in jeder Beziehung der Urordnung. Wir haben uns so an diese Norm gewöhnt, daß wir nicht mehr wahrnehmen, wie falsch sie eigentlich ist. Aber wenn wir sie mit der Norm vergleichen, die von den heiligen Schriften aufgestellt wird, dann erkennen wir es. Wenn wir weiterhin die Tatsache akzeptieren, daß eine Gesellschaft nur innerhalb der Urordnung gesund bleiben kann, dann ist es keine Überraschung, daß heute so viele Probleme auf uns zukommen. Erziehung ist die einzige Möglichkeit, diese Norm zu ändern. Für einen Erwachsenen ist es sehr schwer, seinen Lebensstil zu ändern. Wer ein Leben lang von seinen Wünschen und seinem Ego beherrscht wurde, der ist programmiert, diesen Wünschen nachzugeben. Er liebt seine Gewohnheiten und will sich nicht ändern. Jeder kann den Versuch unternehmen. Jeder kann dabei Erfolg haben. Aber für die Alten ist es schwieriger als für die Jungen. Die Erneuerung der Gesellschaft muß daher mit der Erziehung beginnen. Aber was kommt zuerst: das Ei oder das Huhn? Um eine neue Norm zu lehren, brauchen wir Lehrer, die diese Norm nicht nur lehren, sondern auch leben.

Es scheint ein unerreichbares Ziel zu sein. Und nach menschlichem Ermessen ist es das auch. Nur die göttliche Kraft in uns kann das Unmögliche möglich machen. Wenn jeder, der diese Kraft und die Notwendigkeit, innerhalb der Urordnung zu leben, erkennt, sich geistig auf diese Aufgabe konzentriert, wird etwas geschehen. Durch die subtile Kraft, die von Millionen gleichgerichteter Gedanken ausgeht, wird die göttliche Kraft wirksam und wird vollbringen, was dem einzelnen unmöglich ist. Auf diese Weise werden unsere Gebete beantwortet. Es gibt heute zuviel Kritik und zu wenig konstruktives Denken. Kritische Gedanken heilen nicht, sie trennen. Wir brauchen die Vision unserer Gesellschaft als eine einzigartig herrliche Manifestation des Göttlichen. Dadurch, daß wir den Schleier der Unwissenheit in unserem eigenen Leben entfernen, indem wir das Ego mit seinen Wünschen auflösen, werden unsere Gedanken und Gebete immer wirksamer. Wenn alle ‚guten‘ Menschen, jene, die der inneren Stimme des Gewissens folgen und sich daher nicht von der Urordnung entfernen, sich der Verantwortung für das Wohlergehen der Gesellschaft bewußt werden und eine Vision bekommen, wie die Gesellschaft sein sollte, wenn sie sich darauf konzentrieren, diese Vision zu verwirklichen, dann wird eine gewaltige Änderung stattfinden. Sie brauchen keine Organisation, keine Interessenvertretung. Sie müssen nicht an den täglichen Auseinandersetzungen und Entscheidungen beteiligt sein. Ihre einzige Aufgabe ist es, ihre Pflicht zu tun, ihr Leben mit Liebe zu erfüllen und nach wunschloser Zufriedenheit zu streben. Dann werden ihre Gedanken und Gebete zu einer unbesiegbaren Kraft.

Der erste Schritt auf dem Weg zu einer Reform des Erziehungssystems mag sehr wohl eine Schule, eine Universität sein, an der neben den Natur- und Geisteswissenschaften auch ethische Werte und Spiritualität gelehrt werden. Studenten, die für die Aufgabe, die vor ihnen liegt, geeignet sind, werden sich dorthin gezogen fühlen. Die Lehrer an dieser Universität werden Menschen sein, die in der Lage sind, den Weg zur Selbstverwirklichung zu zeigen. Sie werden leben, was sie lehren.

Das Wissen, das an dieser Universität vermittelt wird, ist das gleiche, das an allen anderen Universitäten gelehrt wird. Aber gleichzeitig werden dort die grundlegenden ethischen Werte gelehrt, die die Urordnung bilden. Da das Ziel der Ausbildung spirituelle Erkenntnis sein wird, können und werden Studenten aller Religionen und Glaubensrichtungen diese Schule besuchen. Sie werden finden, daß die ethischen Werte aller Religionen die gleichen sind. Dadurch, daß sie damit vertraut werden, wie andere Religionen die spirituelle

Wirklichkeit interpretieren, werden sie tiefer in die Welt ihres eigenen Glaubens eindringen. Das Ziel ihrer Ausbildung wird die Formung des Charakters sein. Sie werden darauf vorbereitet, das, was sie in ihrem eigenen Leben erfahren haben, an andere Studenten weiterzugeben, und sie werden wissen, daß das kein Beruf, sondern eine Berufung ist.

Das ist keine Phantasie, sondern eine Entwicklung, die schon begonnen hat. In Indien z.B. gibt es bereits eine solche Universität und mehrere Grund- und Höhere Schulen. Ihr Gründer, ein großer Erzieher und Lehrer, hat das Motto für diese Schulen wie folgt formuliert:

„Es gibt nur eine Kaste, die Kaste der Menschheit.

Es gibt nur eine Religion, die Religion der Liebe.

Es gibt nur eine Sprache, die Sprache des Herzens.

Es gibt nur einen Gott und Er ist allgegenwärtig."

Ein Lehrplan für den Unterricht zur Vermittlung grundlegender ethischer Werte, den Dozenten dieser Schulen ausgearbeitet haben, wurde von der indischen Regierung für das öffentliche Schulsystem übernommen.

Was in Indien geschehen ist, kann überall geschehen. Die Entwicklung wird in diese Richtung gehen, wenn wir nur alle daran arbeiten, daß es geschieht, unablässig daran denken und eine Vision haben, die stark genug ist, um Wirklichkeit zu werden.

Die Zeit für die Überwindung der Krise ist gekommen. Sie hat bereits begonnen. Wenn die Menschen ihr Glück in wunschloser Zufriedenheit finden, wird ihr Leben von Liebe und Hingabe erfüllt sein. Die Menschheit wird die Herrlichkeit Gottes widerspiegeln und ein Teil der einzigartig schönen Harmonie des Universums werden.

9. Kapitel

In den vorangegangenen Ausführungen habe ich darauf hingewiesen, wie wichtig es für die meisten von uns ist, Gott in einer menschlichen Form zu verehren. Um das Ziel vollkommener geistiger Ausgeglichenheit zu erreichen, müssen wir uns dem göttlichen Willen, der die Urordnung repräsentiert, ausliefern. Da jedoch die göttliche Macht im Reich der non-dualistischen, absoluten und abstrakten Wirklichkeit, d.h. jenseits der Grenzen unseres intellektuellen Denkvermögens, residiert, ist es schwer, in ständiger Verbindung mit ihr zu bleiben. In Augenblicken der Versenkung im Gebet oder der Meditation, wenn wir zu anderen Ebenen des Bewußtseins vordringen, mögen wir eine Ahnung der abstrakten Wirklichkeit dieses absoluten Seins bekommen. Aber in unserem Alltag, im Trubel dieser Welt, können wir die Konzentration nicht aufrecht erhalten, die notwendig ist, um sich dieser göttlichen Realität bewußt zu bleiben.

Aber gerade dann brauchen wir einen Führer. Wir brauchen einen Kompaß, der uns in jedem Augenblick die richtige Richtung zeigt. Wir brauchen einen Rettungsring, an den wir uns klammern können, wenn wir im Wirbel unserer Sinne zu versinken drohen. Dieser Helfer ist der Name unseres Erlösers. Es ist der Name der Form, die wir gewählt haben. Im Namen dessen, der unser Herr ist, ist alles, was wir über die göttliche Wirklichkeit wissen, zusammengefaßt. In Augenblicken des Gebetes oder der Meditation, wenn wir der Quelle allen Seins näher kommen, übertragen wir alle unsere Erfahrung auf diesen Namen. Er wird dadurch zu einer Formel göttlicher Macht. Während die physische Form dessen, den wir lieben, nicht gegenwärtig ist, ist die mentale Form, der Name, immer bei uns. Sein Klang läßt unmittelbar und ohne weitere Konzentration die geistige Haltung entstehen, die uns die richtigen Entscheidungen treffen läßt.

Den Namen des Herrn im Lärm des Alltags zu wiederholen, ist ebenso hilfreich wie das Tragen einer Lampe in der Dunkelheit der Nacht. Wenn wir den Namen der Form, die für uns die absolute, abstrakte göttliche Wirklichkeit repräsentiert, in dem Augenblick, in dem eine Entscheidung von uns gefordert wird, ins Bewußtsein rufen, sehen wir die Situation im Lichte der Urordnung. Ohne die Notwendigkeit weiterer geistiger Anstrengung sehen wir die Zusammenhänge in der richtigen Perspektive. In der Dunkelheit kann man nicht photographieren. Man braucht ein Blitzlicht. Der Name des Herrn bringt diese Erleuchtung.

Es spielt keine Rolle, welcher Name es ist. Jedem der Botschafter des Herrn kann unsere Verehrung gelten. Es ist unsere Verehrung, die die göttliche Kraft auf den Namen überträgt, den wir gewählt haben. Aber eine Regel ist von größter Bedeutung: Wir müssen bei der gewählten Form bleiben. Wir dürfen nicht hin- und herschwanken und heute diese und morgen jene Form verehren. Durch die Konzentration auf den Einen wird sich unsere Liebe vertiefen und wir werden Ihm näher und näher kommen. Dadurch werden wir auch all denen näher kommen, die ebenfalls auf dem Wege zum Zentrum allen Seins sind, ob sie nun die Form Ramas, Krishnas, Moses, Buddhas, Jesus oder die Form Sri Sathya Sai Babas verehren.

Alles ist Eins und die Konzentration auf das Eine hebt das Bewußtsein der Menschen auf eine höhere Ebene und wird die Überwindung der Krise herbeiführen.